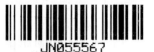

ホスピタリティの
伝道師が説く
「日々の在り方」

百年思考

善光寺寺子屋百年塾塾長
人とホスピタリティ研究所代表
元リッツ・カールトン日本支社長
高野 登

かざひの文庫

はじめに

子供たちは、大切なことをお寺さんで学んだものです

長野市の善光寺には日本最古の御仏が祀られています。約千四百年の歴史を刻む日本を代表する霊場でもあります。しかし、善光寺はこれだけの歴史と信仰がありながらも、決して権威的ではありません。私たち地元では「善光寺さん」と、親しみをこめて呼んでいます。訪れる全ての人に極楽往生を遂げさせてくれる如来様の慈悲のもと、市民たちが守り支えてきたお寺でもあります。

旧長野駅舎は、その善光寺さんをモデルに建築されていました。訪れる人たちを、「ようおいでなした」と迎えてくれる第一歩がすでにそこから始まるのです。

そんな善光寺さんがあったためか、子供の頃からお寺さんはとても身近な存在だったように思います。お寺さんはまた心の拠り所であり、学びの場でもありました。私の故郷、

戸隠村（旧）のお寺さんも、境内は子供たちの遊び場でした。

遊んでいて雨が降ってきたりすると、お寺の軒下に駆けこんだものです。雨宿りをしていると、ご住職が「雨が止むまで中にお入り」と、声をかけてくれます。そして蜂蜜茶を振る舞ってくれながら、壁の極楽絵図や地獄絵図の話をしてくれるのです。

「良い行いをすると極楽に行くことができるのだよ。でも悪いことをするとこっちの地獄に行っちまうんだ」。

そう言いながら、やってはいけないこと、毎日心がけることなどを話してくれるのです。

子供たちにとっては、まさに寺子屋そのものでした。そうした穏やかな対話の時間が、昔のお寺さんには確かにあったのです。そして雨が上がったら、「蜂蜜茶、ご馳走様でした。どうもありがとうございました」ときちんとお礼を言って、また外へ駆けだしていくのです。そうした時間が、子供たちの感性を丁寧に育てていたのだろう思うのです。

二〇一一年の東日本大震災。その少しあとに、ここ善光寺さんの宿坊をお借りして『善光寺寺子屋百年塾』を開講しました。塾頭は故笠井宏美さん、塾長は私の担当です。最初の講義の時に、笠井塾頭が百年後の人たちに向けて書いた手紙を読みあげました。それはこんな言葉で始まり、締めくくられています。

「二一一一年を生きているみなさんへ

みなさんが生きている時代について教えてください。

家族みんな笑顔で暮らしていますか？

生まれてきたことに感謝していますか？

争いの涙ではなく喜びの涙を流していますか？

（中略）

私の住む長野も経済発展を遂げていく代わりに、自然破壊が進み、動物たちの住む場所を奪った結果、野生動物による農業被害が起こっています。高齢化の進む過疎地では田畑が荒廃しています。少子高齢化や核家族化が進み、生活のために、育児している時間よりも労働者として生きていかなくてはならない女性も増加しています。その代わりに生活がとても便利になったのかもしれません。

私たちは今置き忘れたものを探す旅に出ました。『何が幸せなのか？』『生きる軸になるモノって何だろう？』。生活が豊かになったけれど、どこか不安で何かを探しています。今回の震災後、その想いを抱えた人がさらに増えたでしょう。

この百年塾を始めたのはそんな思いからでした。『百年後を見すえて今をどう生きるのか』が百年塾のテーマです。私たちはみな、自分の時代を生き、その後の時代の人たちへバトンタッチする役目があります。今を生きている自分たちの繁栄だけを考えてきた結果、置き忘れたものを探している私たちは、多くの学び手とともに失ったものを探し始めました。
学び手ひとりひとり、探しだす答えは違うかもしれませんが、その答えを知っているのは二一一一年を生きているみなさんです。
どうぞ私たちがバトンタッチしたものが、みなさんにとって幸せの種になっていますように。

笠井宏美」

この笠井さんの思いを繋いだ善光寺寺子屋百年塾。十年目の節目ということで、私の講義内容を本にまとめることになりました。
この本を手に取ってくださったみなさんと、〝今ここ〟を生きる思いや喜びを分かち合うことができたならば、それ以上の喜びはありません。

心からの感謝をこめまして

二〇二一年一月吉日　高野 登

目次 Contents

「日常生活での思考」の章

「仕事生活での思考」の章

「日常生活での思考」の章

輝く日々を送るためのヒント

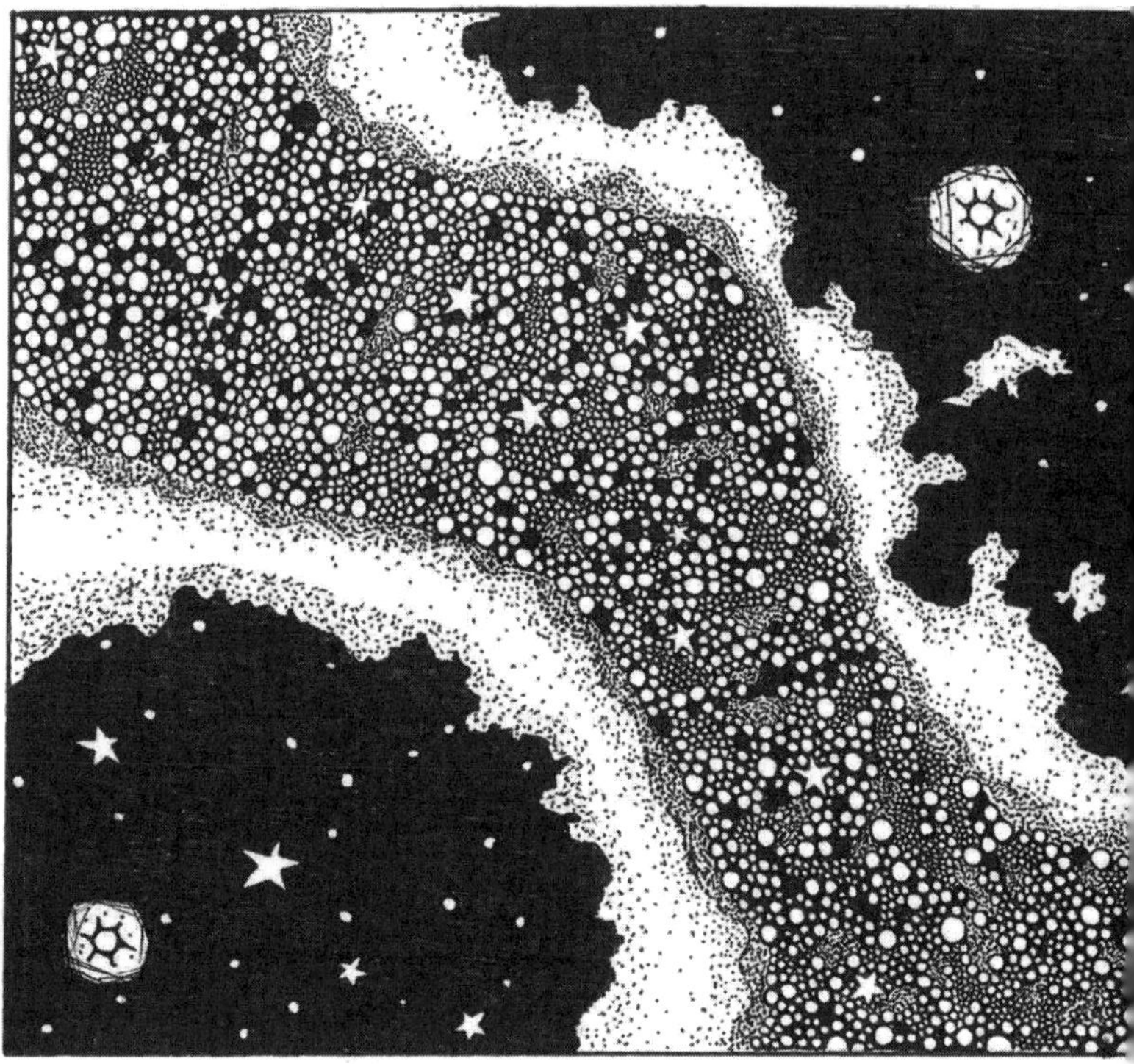

「自分の命が今日で終わるとしたら、この過ごし方で本当にいいのか」。

アップルの創業者、スティーブ・ジョブズは、

毎日自分にこう問いかけていたそうです。

お金やモノとは違い、時間は一度失ったら二度と取り返せません。

時間とは命そのものです。

だからこそ、時々は自分に問いかけてみましょう。

自分は、家族や友人、地域の仲間、会社の部下など、

本当に大事なもののために、時間（命）を使っているだろうか……。

そうした習慣が、モノトーンな人生をカラフルなものに変えてくれるのです。

百年思考
1
｜言葉｜変化｜成長｜

今日使う言葉が、
あなたの未来を
つくるのです。

慈愛に溢れた言葉も
憎悪に満ちた言葉も
そのとおりの未来をつくる
（白蓮坊にて）

日頃から良い言葉を使う習慣をつくる

ある地方の大学で夏期講座をさせていただいた時のことです。学生をいくつかのグループに分けて、普段使っている『ポジティブな言葉』と『ネガティブな言葉』を二枚のホワイトボードに書きだしてもらいました。

「明るい、健康的、積極的、笑顔、勇気、優しい」などはポジティブな部類、「暗い、不潔、恨む、嫉妬する、死ね」などはネガティブな部類になります。そしてその結果は、予想どおり、ネガティブな言葉が圧倒的に多かったのです。そこで、学生たちにこんな質問をしてみました。

「みんな今年で卒業して就職だね。どんな職場で働きたいと思う？　明るい職場、それとも暗い職場？　人生を豊かにするのはどちらだろうか」

もちろん学生たちは、明るくポジティブな職場で、豊かな仕事人生をスタートさせたいと願っています。ところが学生生活では、ネガティブな言葉に囲まれているのです。

就職したら急に人間性が変わるなどということはあり得ません。毎日の小さな積み重ねが人格を形成していくように、今日使う言葉が、その人の人格と未来をつくります。だから、本気で自分を変えたいと思うならば、今すぐに「使う言葉を変える」必要があるということです。

百年思考

2

| 気づき | 変化 |

この世の
全てのものは
移ろい変わるのです。

人生も仕事も
良いことばかりは続かず
悪いことばかりも続かない
（吉祥院にて）

『常ならず』ということを知ろう

人は、仕事などが順調にいっていると、この状態はずっと続くものだと思いたいものです。でも反対に、うまくいかなくなると、この先どうなるのかと、落ちこんだりするものです。そうなると、平常心が失われる、判断力が弱まる、人が信じられなくなる、など、マイナスな想いばかりが先行してしまう。人間というのは、実に変化に弱い存在です。そうは思いませんか？

でも考えてみると、世の中で変わらないものなどないことに気がつきます。全ての物事は、刻々と変化している。そもそもみなさんの体だってそうでしょう。毎日変わっていきますね。もしも変わらないものがあるとすれば、それは〝全てのものは変化する〟という事実だけ。

善光寺のご住職から学んだことも、この『諸行無常』を知ることの大切さ。世の中は潮の満ち引きのように日々移り変わる。命あるものも年を重ね、変化し、やがて命が絶える。そう考えると、この無常の流れに逆らってもしょうがない。といってただ諦めるのではなく、流れに身を任せつつ、自分らしく生きる術を身につけることが肝要だということです。『諸行無常』。全てのことは常ならず。それを受けいれた時、その先はきっと良くなる。そう信じると、日々の営みも、仕事もまた、愛おしく大切なものだと気づくのです。

百年思考

3

| 繋がり | 変化 | 感性 |

デジタル社会にこそ、
アナログな感性が
必要なのです。

情報を共有するのか
感性を共有するのか
（良性院にて）

情報発信から、共感発信の時代へ

第二次世界大戦後、日本は貧しい時期を経験しました。特に食料不足は深刻でした。戸隠村の我が家も例外ではありませんでした。あの頃は、お腹をいっぱいにするものなら、なんでもよかったのです。まさに〝胃〟で食べていた時代です。

しかし、世間は少しずつ豊かになります。すると今度は、美味いものを求めるようになりました。〝口〟で味わう時代になったのです。さらにどこでとれた米か、生産者は誰かなどと考えながら食べるようになります。〝頭〟で味わう時代です。次には、それを食べて被災地支援に協力しようなどと、〝心〟で味わう時代になりました。今はまさにこの心の時代の到来といってもいいでしょう。

心の時代を象徴する言葉のひとつが、〝共感〟だと思います。ＳＮＳなど、双方向のコミュニケーションツールは、人と人の繋がりの形を根底から変えました。発信される情報を座して待つのではなく、誰もが発信者になれる時代になったのです。

そして今は単に情報発信だけではなく、インスタなど、リアルタイムで共感そのものを発信できるようになりました。つまり、自分の人間性までもが、そのまま伝わってしまう時代だとも言えるわけです。

デジタル化が進めば進むほど、アナログな感性を磨くことの意味がそこにあるのです。

百年思考

4

|人間力|

人間力は、
向き合う姿勢に
表れるものです。

たらいの水は、こちらに引けばこぼれ
向こうに押せばこちらに寄ってくる

（徳寿院にて）

一期一会の心で向き合うということ

奈良の薬師寺の第一二七代管主、高田好胤師を知ったのは小学校高学年の頃。親が買ってくれた子供向けの『高田好胤法話集』がきっかけでした。だから、中学の修学旅行で薬師寺に行くと聞いた時は興奮しました。好胤師のお話をお聴きできると思ったからです。ところが急用で、他のお坊さんに急遽変更に。ひどくがっかりしたのですが、皮肉なことに、そのお坊さんのことが、今でも忘れることができないのです。

話の途中で、好胤師なら決して言わなかったであろう言葉を、険しい表情で何度も口にされたからです。

「後ろの生徒、静かに聴きなさい！」「人の話を聴く時はウロチョロと動くでない！」「こんなに落ち着きのない生徒は初めてだ！」

人を惹きつける人間力は、無垢の魂の前で試されます。好胤師は、ひとりひとりの子供にしっかりと目を合わせて穏やかに語りかけます。まさに『一期一会』の姿勢です。代理のお坊さんは拡声器を使って、自分に意識を向けさせようと大声を張りあげます。目線が合うこともありません。向けさせようとすればするほど、心が離れていきます。

好胤師と対極にあった代理のお坊さんのことは、反面教師として深く心に刻まれることとなりました。

百年思考

5

| 言葉 | 人間関係 |

言葉は、
覚悟を持って
使いましょう。

心が幸せになる、楽器言葉
心を刺してしまう、武器言葉
（善光寺大本願にて）

言葉磨きは、人間力磨きに通じる

毎年、お正月には、善光寺さんの大本願をお借りして、新春談話会を開催しています。数年前に、元ＮＨＫエグゼクティブアナウンサーの村上信夫さんを特別講師にお迎えして、『言葉を磨く』をテーマにお話を伺いました。言葉に関しては第一人者です。誠実なお人柄で語られる〝言葉〟には愛が溢れているのを感じます。

「言葉には武器言葉と楽器言葉があります。武器言葉は相手も自分も刺してしまう言葉。切っ先が鋭く、切れ味は良い。それだけに、心を傷つけてしまう。楽器言葉は、相手を褒めたり認めたりする言葉。心に温かな風を送りこむような言葉。どちらもそれなりに覚悟を持って使う必要があります。そしてもうひとつ、沈黙という言葉があります。美しい沈黙、行きづまった時の沈黙、相手を説得する時の沈黙。まさに究極のコミュニケーションなんです」。

本当にそのとおりだなと納得しました。

私はホテルの現場で、三十年働いてきました。日本語でも外国語でも、対話の大切さには変わりはありません。お客様に対しても、社員同士でも、全ての人間関係は対話から始まります。

深い信頼関係をつくるためにも、言葉を鍛える覚悟が必要ということですね。

百年思考

6

｜感性｜教育｜日本文化｜

子供の感性は、
季節感溢れる食卓で
育まれます。

手間ひまかかるご飯とみそ汁
菓子パンと牛乳の便利さ
（福生院にて）

季節感を楽しむ日本人の感性を取り戻そう

日本人ほど四季折々の自然を愛でる国民は、世界的に見ても珍しいのではないでしょうか。春夏秋冬の豊かな自然とともに、日常が変化していく美しい流れがあります。旬の素材が食卓に並ぶ初物。季節ごとの衣替え。春には春雷、秋には稲妻。若草の香り、暖かな陽の光。冬将軍の足音。

全て自然が見せてくれる愛おしい情景です。茶道や華道などのおもてなしの原点もそこにありますね。

では食事はどうでしょう。子供たちがワクワクするのは、手間ひまかけたお母さんのご飯とみそ汁。贅沢ではないけれど、豊かな朝食の時間。「この竹の子はどこで採れたのかなぁ」、「誰が掘ったんだろう」など、会話を楽しみながら家族で囲む食卓。子供たちの感性がどんどん育っていく時間です。昭和の家庭では当たり前の風景でした。

ところが、その食卓が、菓子パンと牛乳などに代わってしまった。食材の良し悪しを言っているのではありません。子供たちが、季節感を感じることがない食事をしている、そのことが問題だと思うのです。

加えて、栄養の偏り、ミネラル不足など、子供たちの食生活が危ないといわれています。でも本当に危ないのは、そのことに無頓着な大人の感性なのではないでしょうか。

百年思考

7

｜アイデンティティ｜言葉｜日本文化｜

情報化社会にこそ
豊かな言葉が
求められます。

言葉を磨くとは
心を磨くこと
（白蓮坊にて）

人間性もアイデンティティも言葉によって伝えられるもの

現代は情報化社会といわれます。情報化社会を生きぬくためには、言葉を磨くことが必要です。全ての情報は言葉で表現され、伝えられるからです。しかし最近、この言葉の乱れがとても気になります。美しい日本語がどんどん消えていくように思えるのです。さらに深刻なのは学生たちの語彙力です。試験問題を解く以前に、問題の意味するところがわからないのだとか。つまり読解力が身についていないのです。

言葉は時代とともに変わっていくもの。だから仕方がないことだという人がいます。そうでしょうか。その考え方に落とし穴はないのでしょうか。変わることは本当に〝是〟なのでしょうか。言葉の変化が新しい視点や感性を生みだすのなら、それは価値のあることかもしれません。しかし、あえて言葉を変えないことも、主体的なことなのです。

日本人としてのアイデンティティはもちろん、人間性も言葉によって形づくられていくものです。だから言葉は財産なのです。

私自身が滞米二十年で感じたこと。それは、グローバリゼーションの渦に放りだされた時、拠って立つ文化や伝統がないことほど、人を無力に不安にするものはないということです。

言葉を磨くとは、文化を身につけ自分の在り方を確立する大事な手段でもあるのです。

百年思考

8

｜成長｜教育｜感性｜

不足だから、
不便だから、
心は逞しく育つのです。

子供をだめな人間に育てたかったら
欲しがるものを全て与えればよい
（世尊院にて）

不便さ、不足さが知恵を生みだす

私たちの生活は、物質的にとても豊かになりました。インフラは整い、モノが溢れ、食べるものも着るものも、なんでも揃っています。

思いおこせば、私が保育園の頃、戸隠村の我が家では、竈やランプが現役でした。薪は裏山に採りに、水は井戸から汲んできました。しかし、貧しさなどを感じた記憶がありません。他の家と比較する術もありませんでした。やがて水道がひかれ、電気がとおり、ラジオが我が家にもやってきました。『赤胴鈴之助』を聴きながら、いろいろな場面を思い描くワクワク感がたまりませんでした。そうやって想像力が鍛えられたのだと思います。

あれからわずか六十年。今では誰もが、当たり前のようにスマホを使い、世界と繋がり、ＳＮＳで発信しています。誰もが知識にアクセスできる時代です。

では、人間の知恵はどうでしょう。磨かれているのでしょうか。

必要は発明の母というように、不便で足りない状況が、人の知恵を引きだします。便利で生活しやすいことは、確かに有難い。

しかし物質的豊かさが、同時に、人の感性や想像力などの心の成長を鈍らせることもあり得るということです。

今の時代、たまにはデジタル断食を意識することも必要なのかもしれません。

百年思考

9

｜おもてなし｜日本文化｜

正直さも、
おもてなしに
通じるものです。

かつて日本の社会を支えていた
正直さ、純粋さ、そして誇り
（尊勝院にて）

外国人を驚かせた、昔の日本人の在り方

明治維新のあと、政府の要請により、海外から医者や技術者たちが多数来日しました。彼らは当然のことながら田舎にもやってきます。最初は極東の野蛮な国に行くというので、警戒心も強かったようです。だから彼らの日記にも、最初の頃は「任務を終えて早く帰国したい」と記されていました。

ところがしばらくすると様子が変わります。この国の民は清潔だ、よく身体を洗っている。地域社会が温かい、とても仲よく暮らしている。そんな記載が増えるのです。

ある時、技師のひとりが東北に旅行に出て、小さな民宿に泊まったところ、おもてなしが素晴らしかった。そこで帰りにもう一泊したいと、前金を渡そうとしたが受けとらない。どうしても払うと言うと「じゃあ、そこに置いといてくれ」と、店先にある竹ざるを指さして言う。お金を入れてもそれをしまう様子もない。きっとあとでしまうのだろうと、旅を続けるわけです。そして旅の帰りにその民宿に寄ったところ、棚の竹ざるには自分が置いたままの状態でお金がある。人の出入りだって多いはずなのに、当たり前のようにそこにある。日本人とはなんと正直で、誇り高い民族なのだろうと、心底感心した様子が日記に書かれていたそうです。

令和の時代。自分なら果たしてどうするか、双方の立場で考えてみたいものです。

百年思考

10

｜パラダイムシフト｜気づき｜

想像力の翼を、
大きく広げましょう。

自分のなかの常識を取りはらうと
目の前の景色が一気に変わる
（常智院にて）

相手の視点に立ってパラダイムシフトを起こす

ある時、都心の高層ビルの一階でエレベーターを待っていました。ドアが開くと、私の前にいた若い女性がぱっと乗りこみ、自分の階をさっと押して、さっさと奥に行ってしまったのです。仕方なく私がエレベーターボーイをすることになりました。

その夜、私は「最近の東京の若者はこうなのか、がっかりしたな」と、ＳＮＳに投稿しました。すると、数日後にある女性からこんなコメントが届いたのです。

「エレベーターのボタンは私にとっても大変悩ましい問題です。実は私は中途失聴者で耳が聞こえません。そのため、乗り合わせた方に、『○○階お願いします』と言われてもわからないのです。無視されたと思われるのが嫌なので、ボタンを押さなくてすむ奥のほうにすぐに移動する習慣が身についてしまいました。エレベーターにひとりで乗る時は、今でも緊張します。ボタンを押すことなど、耳が聞こえている方にとってはなんでもないことかもしれません。でも、もしエレベーターの中で私のような行動をとる人を見かけたら、この人、もしかしたら耳が聞こえていないのかもしれないなと想像していただけたら嬉しく思います」

まさに『パラダイムシフト』（認識や価値観などの劇的な変化）の瞬間です。想像力の翼、もっと広げなくてはと反省しきりでした。

百年思考

11

| 思いやり | 仕組み |

ものごとには常に、
二面性があるものです。

仕組みが守るもの
仕組みが壊すもの
（世尊院にて）

仕組みが教えてくれる、物事のオモテとウラ

昔、日本の電車や地下鉄には優先席がありませんでした。理由は簡単です。全部の席が優先席だったからです。高齢者や障碍者が乗ってくると、誰もが自然に声をかけたものです。しかし、時代の流れとともに、それが一変してきます。経済成長を支える企業戦士はみな疲れがピークです。席を譲る余裕などない。若者たちは携帯を見るのに忙しく、周りなど見やしない。だから社会的弱者のために、優先席が設けられたわけです。

しかし、それで何が起きたか。優先席以外は優先席ではなくなってしまった。つまり譲らずに堂々と座っていてもよい席になったのです。松葉杖の青年が乗ってきた時、座っている人は目線で「あなたの席はあそこだよ」と優先席を指していました。

最近は座席にお尻に合わせたくぼみをつくったものがあります。以前は足を組んで座るなどして席を占領する人もいましたが、これでくぼみ分の人数が座れるように。会社側は、これで乗客はみな気持ちよく優しく座れるはずと思ったことでしょう。しかし……。

江戸しぐさに『こぶしひとつ腰浮かせ』というのがあります。七人乗りの船に、もうひとり乗せてあげたい。そこで乗っている七人がこぶしひとつ分動くことで、八人目を乗せることができました。しかし、五つのくぼみがある電車では、六人目を座らせてあげる優しさが発揮できないのです。

百年思考

12

｜思いやり｜おもてなし｜ホスピタリティ｜

本気のおせっかいは、
ホスピタリティに
なるのです。

余計なお世話で終わる人
おせっかいで感謝される人
その違いはたったひとつだけ

（常智院にて）

目の前の相手に本気で寄り添ってみる

日本発の外食チェーン『モスフードサービス』。モスバーガーが有名ですが、かつて恵比寿のお店でこんな出来事がありました。モスバーガーには年配のアルバイトさんも多く、愛情をこめて『モスバー』『モスジー』と呼ばれていました。そんなモスバーのお話です。

ある日の夕方、そのお店に若い女性が入ってきました。

「モスバーガーください。トマトとケチャップは多めで、タマネギは抜いてください」。

この普通によくある注文に、モスバーはなんと応えたか。

「あんた、タマネギ嫌いなの？　好き嫌いはだめよ。タマネギは身体にいいのよ。火を通しといてあげるから、食べなさいね。いい？」。彼女は、思わず「はい」と答えていました。

さて、カウンターで食べ始めた彼女の目に、涙が浮かんでいます。やはりタマネギが辛かったのでしょうか。彼女はたぶん東京で独り暮らしなのでしょう。ひとりだけの侘しい外食が、モスバーのひと言で、楽しい食事の時間になった。嬉しかったのですね、きっと。

帰り際に、こんな会話が聞こえてきました。「美味しかった。また来ますので、タマネギお願いします」「いいわよ。でもハンバーガーばかり食べてちゃだめよ」「え、お店の人がそんなこと言っていいんですか」「あら、ほんと。店長には内緒よ！」

帰っていく彼女の後姿は、来た時よりもずっと元気に見えました。

百年思考

13

｜自省｜感謝｜

生きていることは、
生かされていること、
そして感謝すべきこと。

愛と慈しみのパラシュート
勇気と励ましのパラシュート
深い祈りのパラシュート
（善行院にて）

あなたのパラシュートを詰めるのは誰ですか？

ベトナム戦争の時の話。アメリカ戦闘機のパイロットだったチャールズは、何度目かの出陣の時、敵のミサイルにやられてしまいました。彼は危機一髪のところでパラシュートを開いて脱出し、命拾いをしました。ただ、敵陣の真ん中に降りたったために捕まり、捕虜となりました。やがて終戦を迎え、チャールズも無事にアメリカに戻ることができました。

それから数年後のある日、街のレストランで食事をしていると、ひとりの男が近づいてきて、こう言いました。「やあ、あんた、チャールズじゃあないか。ミサイルにやられたって聞いてたけど、無事だったのか」。驚いたチャールズが、「あんた、誰だい？　なんでそんなことを知っているんだ」。すると男は微笑みながらこう言いました。「俺があんたのパラシュートを詰めたのさ。どうやらちゃんと開いてくれたらしいな」。

その夜、チャールズは一睡もできませんでした。昼間の男のことが頭から離れなかったのです。彼は、きっと戦艦の船底に近い作業場で、パイロットたちのために、彼らの運命を左右するパラシュートを、黙々と詰めていた。自分は彼らに一度だって、「ありがとう」と言った記憶がない。チャールズの心に、生まれて初めて、恥ずかしさと深い後悔と、感謝の思いが湧いてきたのでした。

あなたの周りに、あなたのためにパラシュートを詰めてくれている人はいませんか？

百年思考

14

｜成長｜学び｜

意識して、
心を調律する
時間を持ちましょう。

喜びは心を豊かさで満たす
逆境は精神を強く鍛える
（兄部坊にて）

失敗から気づき、困難から学び、不都合で磨かれる

四月といえば入学式や入社式など、若者たちが輝く季節ですね。しかし、二〇二〇年に始まった新型コロナウイルスの影響で、学校も会社も自粛ムードです。さらに自宅待機やオンラインでの仕事が主流になりつつあります。多くの若者たちもきっと将来に対する不安で、心が圧し潰されそうなのではと、胸が痛くなります。

でも、これは人生にとって二度とない、貴重な体験と学びの機会でもあると思います。確かに、有難くない体験かもしれませんが、多くの示唆に満ちていることも確かです。人生が失敗や困難の連続なら、問題はその困難や失敗の痛みとどう向き合い、どう受けとめるかということでしょう。

リッツ・カールトン時代に二代目社長のクーパー氏から言われた言葉があります。「舟の行き先を決めるのは、風の向きではない。帆の張り方である。そして、穏やかな海では、優秀な船長も船乗りも育つことはない」。

人は無難で順調な人生を送りたいと願うものです。でも困難が様々な教訓を学ぶ機会でもあるのです。忍耐力やものを見る知力もそこで磨かれるのです。

成功とは、困難の連続のなかにあってもなお情熱を失わないことだといわれます。苦しい時、つらい時こそ、心を調律する時間なのだと開きなおる強さを持ちたいものです。

百年思考

15

| 日本文化 | おもてなし |

日本の
おもてなしの心は、
お箸と風呂敷にも
表れます。

お箸はなんでも掴《つか》める
風呂敷はなんでも包みこむ
（常智院にて）

お箸とフォーク、風呂敷とカバンを比べてみる

アメリカで暮らしてみると、日本のお箸と風呂敷の素晴らしさに気づきます。お箸はどんな形のものでも上手に挟んで口に運ぶことができます。胡麻ほどの小さいものでも簡単に掴むことができますね。ところがフォークは多くの場合ナイフと併用しないと本来の働きをすることができません。フォーク一本でできることは案外と限られているのです。

風呂敷もすごい。なんでも包みこんでしまいます。四角いものでも、丸いものでも大丈夫。瓶のようなものから、着物、洋服、本などにいたるまで、形を問わずになんだって包んでしまうのです。しかしカバンは、その形と大きさにあったもの以外は入れることができないのです。ここで言いたいのは、お箸と風呂敷が偉くて、フォークとカバンはダメということなどではありません。

このお箸と風呂敷の文化が、日本人の包容力を育んだのではないだろうか。そのことです。ひとつの価値観に収まるものだけを評価するのではなく、みんな違ってよいという大らかな価値観。合わないものは切り捨てるのではなく、優しく拾いあげ、包みこむ。まさにお箸と風呂敷の文化そのものです。

お箸がうまく使えない日本人が増え、風呂敷を見ることも珍しくなりました。時々はおおらかで優しい日本文化の包容力について考えてみるのはいかがでしょうか。

百年思考

16

｜成長｜変化｜人間関係｜

墨に近づけば
黒くなり、
朱に交われば
赤くなるのです。

人は常に変わり続け、
常に成長できるものです
（尊勝院にて）

変わろうと思えば、人はいつでも変われるもの

人はある年齢にさしかかると、自分に残された時間を考えるようになるものです。大事な時間を、誰と過ごすのか、誰と食べるのか、あるいは何を読んで何を考えるのかなど。もう一度人生をやり直せたら、などとふと考えたりします。しかし、人生をやり直すことはできません。しかし、出直すことは何度でもできるのです。人は死ぬまで変わることができるのです。

そのためのヒントを大前研一さんのコラムから学びました。その一つ目が〝会う人を変える〟、二つ目が〝時間の使い方を変える〟、そして三つ目が〝住む場所（居場所）を変える〟ということです。

特に大事なのは、会う人を変えることではないかと思うのです。会う人を選ぶ判断基準は多々あると思いますが、例えば、その人の学ぼうとする意志と姿勢を尊重するということ。自分よりはるか年下でも、桁違いな学習意欲を感じる人はたくさんいます。

そういう人との出会いは刺激的であり、喜び以外の何物でもありません。良き人との出会いはまた人生の宝でもあります。

『墨に近づけば黒くなり、朱に交われば赤くなる』といいます。黒も赤も強烈な色。もしも自分が薄い色ならば、どちらかに染まってしまうかもしれません。心したいものですね。

百年思考

17

｜繫がり｜人間関係｜

時には思いきって
断ち切る勇気を
持ちましょう。

それは本当に友達と呼べるのか、
ＳＮＳの『いいね』の数ではないのか
（白蓮坊にて）

自分の語る言葉と人から受けとる情報に責任を持つということ

以前に『あえて、つながらない生きかた』（ポプラ社）を上梓させていただきました。なにも人間同士繋がらないほうが良いとか、そういうことではありません。今の世相から見えてくる〝繋がり感〟に対してちょっと危機感を覚えたのです。

実は今ほど本当の繋がりが必要な時代はないと思っています。

未知のウイルスによる感染への危機感は、私たちの生活に大きな変化をもたらしました。マスクの着用から始まり、ソーシャルディスタンス、在宅オフィス、リモートワーク、そして家族のかたち、友人関係など、人間と社会の在り方が激変しました。私自身も、研修やセミナーのほぼ全てが、Ｚｏｏｍなどのオンラインに変わりました。

こういう世相の特徴として、ＳＮＳなどにフェイクニュースやヘイト記事が溢れます。フェイスブック上の友達からも、連日のように様々な情報が届きます。

自分が受けとるべき情報は何か。

そして自分はどんな言葉を発信するのか。

どちらも自分の責任です。

またフェイスブック友達を整理させていただくのも、『いいね』の数に振りまわされず、本当の友人と向き合うためのプロセスと捉えているからです。

百年思考

18

| 成長 | 自省 | 人間関係 |

『ならぬ堪忍するが堪忍』も、心の筋トレなのです。

堪忍袋の緒が切れたなら
何度でも縫うことです
（徳寿院にて）

切れそうになったら、十数えて深呼吸

我慢の限界を超えることを『堪忍袋の緒が切れた』といいます。上司からネチネチと叱られている時やお客様の無理難題なクレームを延々と聞いている時など、堪忍袋の緒が「ブチッ」と切れる音が聞こえたりします。ホテルマンにとってクレームは特にキツイ。お客様は神様だなんて誰が言った。大嘘だ。むしろ悪魔だ。などと心の中で叫ぶ瞬間です。

しかし、最近思うのですが、この我慢の度合いが随分と違ってきたようなのです。つまり堪忍袋の緒が弱くなったのか、すぐに切れてしまうのです。

お客様から怒鳴られて、「自分の責任じゃありません。もうやっていられない。辞めます」と、制服を脱ぎ捨てて帰っちゃう新人。上司から叱られて「なんで僕だけ怒られるんですか。もう辞めます」と言って会社に出てこなくなる社員。我々世代からすると笑い話みたいですが、現実にそういうことが多々あるようなのです。

こんな歌をご存知ですか？『堪忍の　袋をいつも　首にかけ　破れたら縫え　破れたら縫え』。ブチ切れそうになったら、十数えて深呼吸をし、首にかかっている堪忍袋をイメージしてみる。破れていたら大急ぎで針と糸でそれを縫ってみる。そうするうちに、少し冷静に考えることができるようになる。その繰り返しで、あなたの堪忍袋も随分と丈夫になるに違いありません。

百年思考

19

| 成長 | 自省 | 言葉 |

時々は、
思考の原点に
立ち返る
必要があります。

知識と知恵、そして知性
成長はこのバランスの上に成りたつ
（徳寿院にて）

感性の〝貯金〟と〝借金〟、意識していますか？

我々を取りまく環境は、景気に対する不安、企業の崩壊や働き方改革、未知のウイルスに加え、気候変動と天災の多発など、課題は山積みです。多くの人にとって、思考回路をフル回転させる日々が続きますね。

そこでリッツ・カールトン時代に実践した、思考の原点に立ち返ってみました。知識はそれだけでは無力なもの。それは誰もが知っていることでしょう。知識から知恵が生まれ、さらに知性となり行動が生まれて、初めて力となります。だから、自分に対してきちんとした言葉で問い続けることが、力を生みだす原点なのですね。

これは本当に、お客様が今日求めているものだろうか……、お客様は、明日は我々に何を求めるのだろうか……、お客様は、ライバルにどんな魅力を感じているのだろうか……、お客様の経験をより良いものにするために何ができるか……、お客様を心からもてなす社員のために会社は何ができるか……、社員の可能性を引きだせるリーダーを育てているだろうか……。

良い言葉と良い想いは、感性の〝貯金〟のようなもの。その逆は〝借金〟です。借金を減らし、貯金を殖やすよう心がけていますか？　人生は言葉どおりのアウトプットが生まれます。だから優しさ、楽しさ、嬉しさ、親しみを感じる言葉を使いたいものです。

百年思考

20

|人間力|自省|

魅力あるところに
人は引きよせられる
ものです。

知識と能力で集める
知恵と人徳で集まる
（長養院にて）

あなたにとっての集客はどちらですか？

集客にはふたつの意味があります。一つ目は〝客（人）を集める〟こと。イベントや会合などで人を集めることですね。そのためには能力が必要です。時間をかけてノウハウを蓄積し、それを使ってチームを組み、誰を、いつ、なんのために、どこに、どうやって集め、繋げるか、綿密な計画が必要です。そうした能力がないと、人を集めることは難しいですね。

そして二つ目の集客が〝客（人）が集まる〟こと。そこでは自然と人が繋がっていきます。イベントを開催する人の人間力が、人を惹きつける。だから人が集まってくるのです。円の中心となる人の人間的な魅力、穏やかさや温かさ、軽やかさや優しさ、そして力強さ。ちょうど、お日様に向かってヒマワリがいっせいに伸びるのと似ていますね。

リッツ・カールトンの頃は、イベントのお手伝いをすることが多かったのですが、集客に苦労する人や組織をたくさん見てきました。みなさん、持てる能力を最大限に使って人を集めようと努力されます。しかし、なかなか思うように集まりません。

一方で、「この人が企画するイベントなら参加したい」と、あっという間に集客ができてしまうこともありました。まさに人間力のなせる業だと感心したものです。翻って自分はどうだろうか。謙虚に考えてみたいものです。

百年思考

21

｜自省｜成長｜人間関係｜ホスピタリティ｜

人間関係の
トラブルの原因は、
自分自身を
知らないことなのです。

人は自分をわかってくれない
自分で自分のことがわからない
（良性院にて）

自分自身と対話していますか？

性格が合わない人や嫌いな人がいたとしても、会うことがなければストレスは生じません。でも会社の上司や同僚などは避けて通ることはできません。職場がそのまま〝修行の場〟のようなものです。でも同じ修行するなら、少しでも楽しい時間にしたいものです。

ではどうするのか。実はそこにはちょっとしたコツがあるのです。それは、人の思考パターンにヒントがあります。人間関係のトラブルの原因は、そのほとんどが自分自身を知らないことにあるのです。

人は誰も、自分のことは自分が一番よく知っていると錯覚しています。孫子も『敵を知り己を知れば百戦危うからず』と言っていますね。本当に自分を知っていれば、他人を知ることも決して難しいことではなくなります。その順番としてはこうなります。

①自分自身と向き合い自分を知る、②相手と向き合い相手を知る、③自分と相手の違いを理解する、④相手との付き合い方がわかる、⑤相手を受けいれることができる

いかがでしょうか。一度時間をとって、自分自身と対話をしてみませんか。他人はもちろん、親子や兄弟などの身近で濃い関係も、より良くなるに違いありません。ファミリー・ホスピタリティは人間関係の原点だからです。それができたうえでの社会ホスピタリティなのです。

百年思考
22
|変化|成長|

情報を生きた知恵に
変える力が
今最も
求められています。

知識社会の到来で
知識が価値を失った
（渕之坊にて）

知識の総量で戦いますか、知恵の豊かさで戦いますか？

今の時代、我々はスマホやコンピューターを通して、あらゆる情報を瞬時に入手することができます。これはつまり、知識や情報はかつてのように一部の限られた人の特権ではなくなったということを表します。会社でも年配の上司より、若手社員のほうがはるかに速く情報にアクセスしています。だから、情報社会とは、情報が価値を失った社会であるということができますね。

では、上司たるもの、「時代だからしょうがない」と諦めてしまっていいのでしょうか。実は、ネット社会の大きな落とし穴がそこにあるのです。それは情報を収集し処理するところまでは誰でも行うことはできます。日本の学校教育の特徴がそれですね。情報処理までは一定の方程式に則っていればできてしまいます。しかしその情報を編集する力、すなわち生きた知恵に変えるところまでは誰も教えてくれません。

知恵とは、人生のあらゆる経験から紡ぎだされるものです。それは数値化できない英知であり、人生で艱難辛苦を味わってきた人ほど、大きな力を秘めています。それこそが、今の時代に最も必要とされるものです。

学校の授業では必ず答えが導きだされました。しかし、実社会は解のないことが当たり前であり、これからは、解を導きだすための問いを立てる力が必要になってきたのです。

百年思考

23

|教育|ホスピタリティ|

日常の
何気ないことを
大切にする感性が、
人を育てます。

オフィスや学校の整理整頓
気持ちの良い笑顔で挨拶
（尊勝院にて）

小さな約束を守り、身の回りを整え、丁寧に過ごす

沖縄の興南高校をご存知でしょうか。数年前のこと。かつて弱小だった野球部が、甲子園春夏連覇という偉業を達成して世間をあっと言わせました。

実はその前年に、知人を通してここの野球部に話をしてくれないかと依頼されました。キラキラと輝く高校生たちの目力を感じて、この学生たちは半端じゃないな、何かしでかす、と思いました。それでつい「絶対に日本一になれるよ。自分たちの力を信じようじゃないか」と熱く語ったのを覚えています。すると、いきなり春夏の大会で優勝。

まさか私の話がこれほど効くとは！　なんて訳はないですね。偉業を成しとげた原動力、それは名監督、我喜屋優さんの言葉にありました。

「毎日何気なく送っている生活こそが、その人をつくる。普段の生活が、その人の人生の〝根っこ〟となる。規則正しい生活を送り、二十四時間をきちんと過ごしているか。挨拶ができているか。そういったささいなことができていなければ、何も成しとげることはできない」

「小さな約束事を守れない者にかぎって大事な試合で必ずミスをする。小さなことをおろそかにし、ルールを破るような者は、どんなに技術があっても試合に出さない。これが私の信念だ」

これはホスピタリティの感性ともまったく同じだなと改めて思い至った次第です。

百年思考

24

|ホスピタリティ|自省|気づき|

日々の暮らしを
見直すために、
自分の内面と対話する
時間を持ちましょう。

豊かさとはモノが多いこと？
便利で簡単なこと？

（威徳院にて）

あなたにとっての本当の〝豊かさ〟とはなんですか？

フレデリック・ブラウンというアメリカのミステリー作家に、『怪獣ヴァヴェリ』という作品があります。それはこんな話です。

ある日、地球上に突然、モクモクと雲のような形をした怪獣が現れます。『ヴァヴェリ』と名づけられたその怪獣は、電気をむしゃむしゃ食べて大暴れする性質があります。発電所はもちろん、送電線からも電気をどんどん吸いとっていきます。軍隊が送られるのですが、電気を使っている兵器は、まったく使い物になりません。結局、人類は電気なしの生活に戻らざるを得なくなりました。

その結果、世界で何が起きたか。飛行機は飛べず、自動車も動かず、移動は歩くか馬車に頼るしかありません。電話も通じません。明かりも電球が点かないから、みな夜になったらさっさと寝て、朝早く起きるようになります。テレビが映らないから、村では人が集まるお芝居が復活し、みなが参加して楽しめるようになります。つまりヴァヴェリのおかげで地球上に再び平和が訪れて、みなが楽しく暮らしました。めでたし、めでたし。

まるで今日の世相を予言していたかのような内容です。電気のような生活に必要不可欠と思えるものでも、なければないでなんとかなる。でもその世界にどうしても不可欠なのがホスピタリティなのですね。

百年思考

25

｜感謝｜おもてなし｜

健康な体と心を
保つことは、
自分への
おもてなしなのです。

今日もご飯が美味しい
有難く「いただきます！」
（堂照坊にて）

毎日〝ありがとう〟を言っていますか？

健康を維持するうえで、私が心がけていることが三つあります。

一つ目は〝ご飯を美味しく食べる〟ということです。何を食べるか、誰と食べるかを意識します。毎回の食事を大切に、美味しくいただきたいと思っています。二つ目は、〝軽い運動を続ける〟ということです。お酒が大好きなので、油断をすると体脂肪、特に内臓脂肪値に表れてしまいますから。三つ目は、〝しっかりと睡眠をとる〟ということです。良い睡眠は身体の疲れを取るだけではなく、ストレス解消にもなります。

この中で、自分でコントロールできるのが睡眠です。良い眠りにつくにはコツがあります。それは、布団に入ったら、「今日も良い一日だった。ありがとう、ありがとう」と唱え続けるのです。たとえどんな一日であったとしても〝ありがとう〟を五十回から百回は自分に言い聞かせるのです。

ところが多くの人は、横になってからも心配事や悩み事を放しません。仕事や人間関係の悩み、将来への不安など、夜中に思い悩んでも解決しないことに心を使ってしまうのです。これでは疲れがとれるどころか、ますますストレスが溜まってしまいます。〝ありがとう〟という魔法の言葉で自分の脳と心を疲れから解き放ちましょう。そしていい気分で眠りにつき、翌朝もご機嫌で目を覚ますのです。これも心と体へのおもてなしです。

百年思考

26

｜自省｜生き方｜

自分との約束は、
元旦ではなく
年末のうちに
結ぶのです。

もしも命が今日で終わるとしたら
この過ごし方は悔いのないものか
（玉照院にて）

優先事項に追われる生活か、重要事項に焦点を当てる人生か

昔から『一年の計は元旦にあり』といわれますが、私は元旦ではなく年末にあると思っています。もしも、時間を今年の元旦に戻すことができるとしたら、この一年をもう一度やり直せるとしたら、みなさんは今年の過ごし方をどう変えるでしょうか。

忙しくて会えなかった友人を訪ねる、もっと家族との時間をつくる、読みたかった本を読む、社員の話に真剣に耳を傾ける……。

つまり、本当はどう過ごしたかったかを書きだすのです。すると、優先事項と重要事項が浮きぼりになります。毎日、目の前で起きる問題や課題、これはすぐに取りかかるべき優先事項です。でも、本当に大事にしたいことは違うところにあることに気づきます。

アップルの創業者、故ジョブズは「自分の命が今日で終わるとしたら、この過ごし方で本当にいいのか」と、毎日自分に問いかけていたそうです。優先事項に振りまわされる生活ではなく、人生を豊かにしてくれる重要事項は何かを考える時間を持つ。それは年明けの元旦ではなく、まだ〝今年〟のうちに行ったほうがいいと思うのです。そして、心構えを整えてから新年を迎える。人生にはそうした姿勢が大事ではないでしょうか。

さらに、今年積み残してしまった重要事項を、翌年の予定表に今のうちに書きこんでしまう。自分と約束を結んでから、新年を迎えるということですね。

百年思考

27

｜ホスピタリティ｜生き方｜

「あなたとの出会いは
宝でした」と
言われるような
人生を送る。

昨日はすでにヒストリー
明日はまだミステリー
今日という日はギフト
（寿量院にて）

残りの人生の第一日目を大切にしていますか？

リッツ・カールトン時代、リーダー研修で強く心に残っていることがあります。研修最終日に、副社長のレオ・ハート氏が我々に語りかけてきた言葉です。それはこういうものでした。

「紳士淑女のみなさんは、今日という日が残りの人生の第一日目であるということを、深く考えたことがありますか？　昨日までのことはすでに歴史です。これから先の人生があるだけです。そして、今日はその第一日目なのです。もしみなさんが残りの人生で、一万人の人たちから、『あなたに出会えてよかった』と言われる人生を送ったとしましょう。その時、みなさんは何歳になっていますか。わからないですね。そう、わからない。でもわかっていることがあります。それは、〝何もしなかった時と同じ年になる〟ということです。どんな人生を送ったとしても、同じように年を重ねるのです。たった一度の大切な人生。そこにどんな物語を紡いでいくのかを決めるのは、親でも上司でもない、あなた自身だということです。『あなたとの出会いは宝でした』と言われる働き方こそが、リッツ・カールトンの全社員が目指すべき在り方そのものなのです」。

レオは上司として、そして組織を率いるリーダーとして、常に行き先を示し続けるサーチライトのような存在でした。ホスピタリティのもうひとつのかたち、なのだと思います。

百年思考

28

|日本文化|思いやり|自省|

日本文化に見られる人の楽しませ方こそ、気づかいの醍醐味です。

季節感を大切に
その瞬間に思いをこめて
（本覚院にて）

あなたの気づかいは人を楽しませていますか？

私の友人である上田比呂志さんの著書、『日本人にしかできない「気づかい」の習慣』（インプレス）から、粋なエピソードをご紹介したいと思います。

関東には酉の市というお祭りがあります。酉の市には料亭の女将さん、芸者衆、そして贔屓の旦那さんが一緒に出かけていって、旦那さんが料亭に熊手を買って、プレゼントしてくれます。そして、その熊手を買う時のやりとりがとても面白いのです。

芸者さんと熊手屋さんとで、値引き合戦が始まります。これは、高いお金を払わせるのは旦那さんに申し訳ないという気づかいで、できるかぎり値切っていきます。芸者さんが「まだまだ！」と言いながら、女将さんがはやしたて、旦那さんが笑う。見ているだけで、楽しい空間がうまれます。そのうち、「じゃあいくらでもいいや、持ってけ泥棒」と熊手屋さんが折れる。そして旦那さんが熊手の代金を払うのですが、ここで女将さんが粋な計らいをします。「ご祝儀に」と言って、熊手屋さんに値切った分のお金を自分の懐から渡すのです。旦那さんは熊手を安く買うことができ、熊手屋さんも差額をもらえたので損もしない。周りの人は大いに楽しめる。

これこそ、気づかいの醍醐味、日本文化の粋なのです。自分の気づかいは人を楽しませているかどうか、振り返ってみませんか。

百年思考

29

｜感謝｜ホスピタリティ｜

当たり前に思える
日常は決して
当たり前ではなく、
感謝すべきものなのです。

もっと女房に感謝すべきだった
優しい言葉をかけたらよかった
でも津波に流されちまってよ……
（渕之坊にて）

礼儀正しさと感謝の心で日々を豊かに送りませんか？

みなさんの会社を訪ねてきた人が、気持ちの良い挨拶をしたり、応接室に通される時にオフィスの人たちに軽く会釈をしたり、ソファや椅子の上に自分のカバンを置いたりしなかったら。そんな振る舞いをされたら、好感度アップ、間違いなしですね。ではその逆はどうでしょう。電車の床に置いたかもしれないカバンを平気で人のオフィスの椅子などに置かれたら、一緒に仕事をするのも嫌になるかもしれません。

たとえ仕事上の知識や経験が豊富であっても、〝礼儀という人としての在り方〟が整っていないと、運を逃がしてしまうこともあるのです。

感謝の言葉をすぐに返すこともまた、礼儀のひとつです。はがきでもメールでも、ひと言「美味しかったです。ありがとうございました」と伝えるだけでいいのです。

ではご家庭ではどうでしょうか。お母さんや奥さんが料理をつくってくれるのは当たり前だと思ってはいませんか？　そうではないですね。それは感謝すべきことです。ではその感謝をちゃんと伝えているでしょうか。以前、東日本大震災で、奥様を亡くされた年配の男性にお会いしたことがあります。「こんなことになるのなら、感謝の言葉のひとつもかけておくんだった」と心底悔やんでおられました。ホスピタリティは身近なところからです。ご家族や職場の仲間に、もっと感謝の言葉をかけてみませんか？

百年思考

30

｜出会い｜生き方｜成長｜学び｜

人の一生は、
『あみだくじ』の
ようなものです。

嬉しいことや楽しいこと、
つらさや苦しさが人を成長させる
（徳寿院にて）

どんな出会いにも必ず学びがあるもの

人は生まれてから死ぬ瞬間まで、様々な経験を積みながら歩んでいきます。どこに命が宿るか（宿命）は誰にもわからない。その命をどこに運んでいくのか（運命）はある程度決めることができる。そしてその命をどう使うか（使命）、覚悟を決める。それが天の命ずるところ（天命）であれば、誠心誠意努める。すると天がその命を寿《ことほ》いでくれる（寿命）。

そんな一生のなかで、振り返った時に節目において不思議な出会いがあったことに気づきます。それはお師匠との出会いであったり、本の中のひと言であったり。それが人生の転機になったことに思い至るのです。人は人生を『あみだくじ』のように、右に左に折れながら進んでいくものです。だから良き師や良書との出会いは、あみだくじに加えられた一本の横棒そのものではないでしょうか。

一生懸命に生きて正直に働いていると、良い出会いが待っているものです。でも、手を抜いたりずるい生き方をしたりすると、良い出会いがないばかりか、出会ってはいけない人と出会ってしまうかもしれない。しかしそれもまた人生ではありましょう。そして、誰もが成長することで、世のため人のために価値を生みだすことができる。

成長とは、諦めようとする自分との闘いのプロセスです。だからホスピタリティにこだわる生き方も、成長した人の心の形といえるのです。

百年思考

31

｜日本文化｜アイデンティティ｜

国際人とは、
真に日本人であること
なのです。

グローバリゼーションのうねりのなかで
自身のアイデンティティを確立する
（常智院にて）

英語が話せても、伝えるコンテンツがなければ意味がない

　アメリカで暮らして十年目くらいには、英語で仕事をすることに抵抗がなくなっていました。しかし、痛感したことがありました。それは友人たちから歌舞伎などの日本の古典芸能について聞かれた時にまったく答えられないということでした。理由は簡単でした。知識がなかったからです。つまり、学んでいないこと、日本語で説明できないことは、英語で伝えられるわけがないのです。さて、グローバルスタンダードという言葉が、すでに我々の生活やビジネスに定着しています。これは国際基準と訳されています。コロナ禍や各国の党首交代、経済状況、民族問題などで、国際情勢は日々刻々と変化しています。そんななかで、これからの日本を担う若いみなさんが、世界と向き合う時の考え方はどう在るべきでしょうか。グローバリゼーションはどこに向かうのでしょうか。

　ひとつ明白なのは、そもそもグローバルスタンダードなど存在しないということです。この言葉が意味しているのは欧米スタンダードです。だから大事なのは、言葉に惑わされることなく、異文化や多様性のなかにあって、日本人としてのアイデンティティを確立するということです。自国の文化や伝統などに興味を持つことの意味はそこにあります。歴史をみるまでもなく、尊敬される日本人とは、流暢に英語を操る人ではなく、深い教養と人間性を感じる人だということです。私自身の反省からの学びです。

百年思考

32

|言葉|生き方|

心の畑に
どんな種を蒔くかで、
言葉と行動が
決まります。

肩書で態度を変える人
湖面のように変わらぬ人
（玄証院にて）

一流の人ほど、言葉づかいの習慣を大事にしている

言葉の持つ力とは何か。それは〝思いの力〟、つまり思想や意志の力ではないでしょうか。私のお師匠たちはとてもわかりやすい言葉を使います。そして相手も自分も元気にする言葉をたくさん持っています。感情の切り替えもうまいので、怒ることもなく、いつも平常心でいられるのです。また相手の心に灯をともし元気にする言葉をたくさん持っていますから、周りからも頼りにされ、応援もされるのです。

さらに大事なことは、愚痴や不平不満ばかり言う人たちとは決して交わらないということ。常に意識して前向きな人たちと時間を過ごしています。

「大丈夫ですよ」「それでいいんです」「素晴らしい」「ありがとう」「おかげ様です」など、聞いているこちらの心も穏やかに、温かくなっていくのです。もちろん、相手によって言葉や態度を変えたりすることはしません。相手が学生でも、大企業のトップでも、大学教授でも、同じ態度で接しています。これは口で言うほど簡単なことではありませんね。

思いと言葉は心の畑から生まれます。その大事な畑に間違っても毒の種を蒔くようなまねをしてはいけません。汚い言葉、恨みの言葉、妬みの言葉などは毒となって心身を蝕《むしば》んでいくのです。だから心の大地には十分な栄養を与えて、ホスピタリティの感性を育んでいきましょう。

百年思考

33

｜生き方｜自省｜感性｜

自分の立ち姿、歩く姿、向き合う姿を意識することです。

心のかたちと行動は
一致するものである
（世尊院にて）

無意識の行動を、意識的に行うだけで感性は磨かれる

第十二回剣道世界選手権大会の男子団体の決勝は大将戦でも決着がつかず、史上初の代表者戦となりました。相手の韓国の選手は身長一八〇センチ以上、対する日本の栄花直輝選手は一七〇センチの小兵剣士。その代表戦で栄花選手は、韓国選手の一瞬の揺らぎを見事に捉え、大技を決めて日本に勝利をもたらしました。

インタビュー記事によると、栄花選手は常に〝心の存在〟を大切にしていたそうです。心の存在と価値を忘れることがないように、三感、すなわち『感動、感心、感謝』を大事にしたのです。それを常に意識すれば、決して「心の存在と価値を忘れない」と栄花選手は言っています。「試合で対峙した時、相手が強いかどうかわかるものですか？」との質問に、「座っているだけでわかります。座るという行動の裏側には必ず心があります。その心のレベルが座る行動にも必ず表れるのです」と応えていました。

私たちは、無意識にテレビを見る、無意識に電車に乗るなど、日常をつい無意識に過ごしがちです。時々は意識的に自分の行動を俯瞰する必要がありそうです。その行動の質を、二十四時間にわたって心の状態が決めているのだということを私たちは忘れてはならない、ということですね。

今日一日、『感動、感心、感謝』の心と、自分の姿勢を意識してみてはいかがでしょうか。

百年思考

34

|言葉|成長|生き方|

食べるものが
体をつくるように、
使う言葉が
未来をつくるのです。

周りは確かに見えている
でも自分の夢が見えない
（徳寿院にて）

自分がイメージできる未来にしか、辿りつくことはできない

ヘレン・ケラーは、幼い時に重い熱病にかかり視力と聴力を失いました。見えない・聞こえない・話せないという三重苦を背負ったのです。そのため両親に甘やかされて育ちますが、ある時からサリバン先生という家庭教師がつきます。わがままに育ったため、何度もサリバン先生と衝突します。しかしサリバン先生がヘレンを見放さず、熱心に指導をしたため、やがてヘレン自身が変わり、真剣に勉強をするようになります。指文字や点字を学び、発声の訓練もして、ついにハーバード大学に入学するまでに成長します。

その後はサリバン先生とともに政治や社会福祉の活動に従事し、活動家として国内外で大活躍をします。『奇跡の人』という映画にもなりましたね。この奇跡の人とは、ヘレン・ケラーではなく、家庭教師アニー・サリバンのことです。

ヘレン・ケラーは多くの名言を残していますが、とくに有名なのが、「この世で、最も哀れな人は、目は見えていても、未来への夢が見えない人だ」というひと言です。三重苦のなか、彼女が見すえていたのは未来への夢だったのですね。夢を明確にイメージする。思い描いた夢は叶うという証です。反対にイメージできない場所に辿りつくのは難しい。たとえどこかに着いたとしても、辿りついたのではなく流れついたということでしょう。今の時代こそ〝未来への夢〟を持ちたいものですね。

百年思考

35

|生き方|自省|

良いことをするのと、
良いことは
なんでもするのとは
違うのです。

損得勘定が混ざった声
本質を見極める内なる声
（徳寿院にて）

自分のミッション（使命）に従った行動をとるということ

ニューヨーク在住のメンター（お師匠）、フランシス・ヘッセルバイン女史。彼女からは、実に多くの刺激と示唆をいただいています。初めてのディナーは、にっこりと微笑むフランシスのこんな質問から始まりました。

「あなたという存在の、何が周りの人を幸せにしているのですか？」。

続いて、「称賛も批判もないとしたら、あなたはどんな人になりたいのですか？」。

どれも簡単に答えられるものではありません。さらに「あなたにはこれから、たくさんの依頼事項などが来るでしょう。良いことをたくさんしなさい。でも良いことをなんでもするのは間違っています。それをする時の判断基準があるのです。一番目は、その活動はあなたのミッションに合致しているか。次に、その活動はあなたの財源やリソースの条件に合っているか。そして最後に一番大事なことがあります。あなたは、他の誰よりもその活動をうまくやる力があるか。ひとつでも『ＮＯ』であるならば、それはあなたのミッションではありません。他の適任者に任せるべきなのです」。まさに目から鱗でした。

世の中には金銭や名誉などが絡んだ、人を惑わす誘惑が実に多い。自分のミッションとは、心の内なる声（インナーボイス）でもあります。それに真摯に耳を傾けなさいということですね。

百年思考

36

| 教育 | 成長 |

むごい教育の本当の怖さは、時間が経って効いてくることです。

汗と涙で得たものだけが
自分の自信や誇りをつくる
（常智院にて）

過保護な環境は、子供の未来も可能性も壊してしまう

有名な話なのでご存じの方も多いのではないでしょうか。戦国時代、今川義元が竹千代（のちの徳川家康）を人質として引きとった時のことです。義元は家臣にこう命じます。「竹千代には、むごい教育をせよ」。これを受けた家臣は、竹千代が泣きだすような厳しい試練を与えることだろうと理解し、さっそく取りかかります。しばらくして義元から進捗状況を聞かれた家臣は、「仰せのとおり、竹千代は早くから起こし、昼は馬術に剣術、夜は勉学にと、厳しく教育しております」。

これを聞いて義元、「馬鹿者！　それはむごい教育ではない。むごい教育とは、朝から晩まで好き勝手にさせることじゃ。眠いならいつまでも寝かせておくがよい。暑い日は涼しく、寒い日は温かく整えるがよい。贅沢なご馳走を好きなだけ与えてやるのじゃ」。

むごい教育とはつまり、わがままや欲望をなんでも叶えさせてやることなのですね。そうするとどうなるのか。成人したあとでも、痛みや困難に弱い人間になってしまいます。過保護に育ててあげることで、家康の未来をダメにしてしまおうという義元の深淵な策略だったわけです。

今の日本の社会。団塊の世代は自分が味わった苦しい思いを子供にはさせまいと、与え続けてきました。あれから数十年。むごい教育は日本の社会に何をもたらしたでしょう。

百年思考

37

| 生き方 | 感謝 |

小さな幸せを見つけ、
それに感謝すれば、
〝欲〟を
少なくできます。

欲を少なくして
足るを知る
（随行坊にて）

大切な人生を、自分でデザインしていますか？

人間の悩みのほとんどは〝欲〟から生じるといわれます。しかし、人間から欲を消しさるのは難しいもの。人生を楽しくするうえで欲は欠かせないからです。欲と幸せは背中合わせの関係なのですね。大きな欲望を満たすためには大きなエネルギーを要します。事業を起こす、大会社を経営するなど、大変な努力、財力、精神力、労苦が伴います。

しかし、例えばベランダを花で満たす、五キロマラソンを走る、地域のイベントを企画する、など小さな欲望であれば、比較的容易に手に入れることができます。これは人間関係にも当てはまります。相手に過大な期待をすることでトラブルが起きてしまうのです。「もっと能力があると思っていたのに」などのコメントにそれが表れます。

これは家庭でも同じでしょう。自分の伴侶に対する過剰な期待。それが裏切られたと感じた時、感情がコントロールできなくなる。そうなる前に、まずは相手をおおらかに受けいれる度量を持ちたいものです。

そのためにも〝欲〟を少なくすることです。そして日常のなかに会食や小旅行のようなちょっとしたイベントを織りこみ、小さな喜びを生みだしていくということ。つまり、日々の暮らしのなかに小さな幸せを作りながら、それに感謝をするということです。忙しさに流されることなく、自分の人生を自分でデザインするということですね。

『もてなし』という言葉の原点は、
聖徳太子の、『和をもって貴しとなす』にあると思っています。
そこには働き方の本質が隠されています。
つまり、自分の仕事はそもそも、何をもって何をなすことなのだろうと
自問するところから始まります。
医者にとってのもてなしは、
〝最高の技術と慈愛をもって、心身を病んでいる人たちに癒しをもたらす〟
ことでしょう。
洋の東西を問わず、仕事とは、人の役に立つこと、
社会に価値を生みだすことにほかなりません。
そして働くことそのものが、自己実現を目指すことでもあるのです。

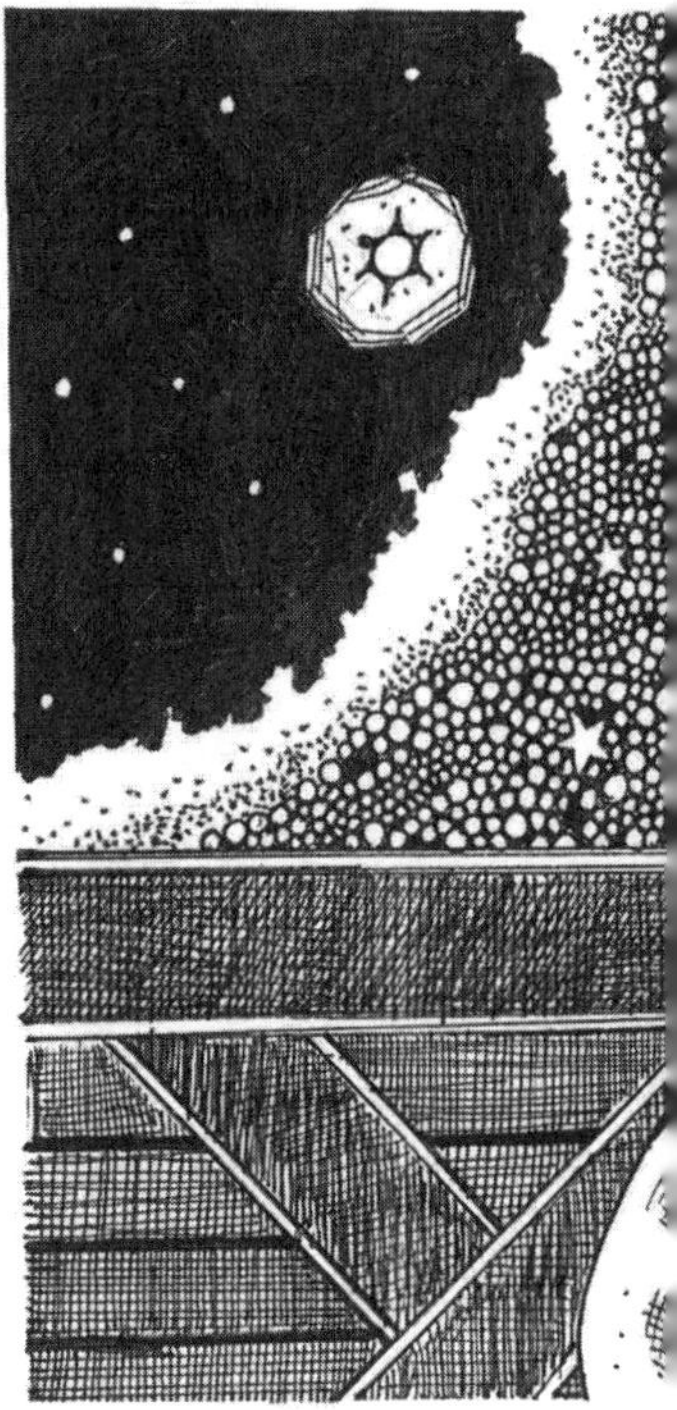

「仕事生活での思考」の章

仕事に意義を見いだすためのヒント

百年思考

38

| 成長 | 自省 |

目標を定めるためには、目的を明確にすることです。

楽しくなけりゃ仕事じゃない
ワクワクしなけりゃ人生じゃない
（渕之坊にて）

働くことの意味、見失ってはいませんか？

もしもあなたが今、仕事が楽しくなく、不安ばかりがあるとしたら、それは目標を見失っているからかもしれません。どこに向かってどう進んでいいかもわからなくなっていませんか？

もしも今、めちゃくちゃ疲れていると感じているなら、それは目的を忘れているからかもしれません。そもそもあなたはなぜこの仕事についたのですか？　他になかったから？　とりあえずお金が必要だったから？　それとも、人と会うことが好きだったから？

ホテルやレストラン、あるいは百貨店などのように、お客様と直接触れ合う仕事は、常にお客様第一に考えすぎて、つらくなることもあります。しかし、あなたの対応次第で、お客様は来て良かったと喜び、また来たいと思うものです。

接客の仕事は、視点を変えてみれば、人に喜ばれながら、自分も成長できる素晴らしし仕事なのです。

大工さんは、素晴らしい家を建てるために、常に道具を大事に磨いています。同じように、あなたは自分自身と、出会う人の心を輝かせるために、知識を増やし、知恵を磨くことができます。人生、やり直しはできませんが、出直すことは何度でもできるものです。

迷った時には深呼吸をして、原点に立ち返り、出直してみてはいかがでしょうか。

百年思考

39

｜言葉｜教育｜成長｜組織｜

言葉を変えると、
運命が変わるのです。

幸せは大きな出来事ではなく
日々の小さな積み重ねのなかにある
（徳寿院にて）

良い言葉は自分も相手も、そして組織も成長させるのです

多くの方は、言葉に関するこんな文章に触れたことがあるのではないでしょうか。

「言葉が変われば意識が変わる。意識が変われば態度が変わる。態度が変われば行動が変わる。行動が変われば習慣が変わる。習慣が変われば人格が変わる。人格が変われば運命が変わる。運命が変われば人生が変わる」。

いかがでしょう。思いだしましたか。

これは、より良い人生を送りたいと願ったならば、言葉を変える習慣を身につけることが大事だということを示しています。

しかし、習慣になる前に辞めてしまう人のなんと多いことでしょう。もったいない話です。笑顔で挨拶をする、優しいひと声をかけるなど、自分も相手も気持ちよくなる習慣はたくさんあります。だから、習慣は第二の天性だともいわれるのです。

会社においても同様のことがいえるでしょう。会社が成功を収めたいと願うのであれば、まず働く人たちの言葉を変え、意識を変えなくてはなりません。またリーダーは、社員のやる気を引きだす言葉をたくさん持つ必要があります。社員が最高の力を発揮するのは、自分の仕事に意義を見いだした時です。自分の仕事は確かに誰かの役に立っている、誰かに感謝されている。そう心から思えた時にこそ、自分自身の成長もあるということですね。

百年思考

40

| 成長 | 自省 |

指を自分に向けた時、初めて何が足りないのかに気づくものです。

知識やスキルの高さではなく
人柄が最優先される職場とは
（白蓮坊にて）

「あなたと働きたい！」と、周りから思われていますか？

アメリカ航空宇宙局（ＮＡＳＡ）では、訓練が終わりに近づくと飛行士たちにこう質問するそうです。それは「宇宙空間で六か月間、どの飛行士と過ごしたいか」というもの。なかなか興味深い質問ですね。誰でも高いレベルの知識やスキルは身につけているでしょう。しかし、宇宙ステーションという閉ざされた空間で重責を全うするには、人間性、人間力が高く評価されるということですね。複雑な作業の合間に、場を和ませたり盛りあげたりするなど、メンバーと良好なコミュニケーションが取れるかどうか。誰とならそういう時間を共有できるかを、訓練のあいだにみな感じとるのでしょう。

では、話を地上に戻して、我々の仕事場を眺めてみましょう。多くの人は、毎日あまり深く考えることなく当たり前のように働いているのではないでしょうか。

そこで、一度、自分自身に指を向けてこう自問してみましょう。

「わたしは、仲間から、『あなたと働きたい。あなたに指導してほしい。あなたとともに成長したい』。そう言ってもらえるような働き方をしているだろうか」

その答えが「ＹＥＳ」であれば問題ありませんね。

でも「ＮＯ」であるならば、自分に指を向けて、何が足りないかを謙虚に振り返ってみる。その時間こそが人を成長させるのです。

百年思考

41

| 成長 | 感性 |

感性は、
時間をかけて
熟成していくものです。

促成栽培された野菜の味は
露地モノにはとうてい敵わない

（玄証院にて）

上段者にしか見えない世界がある

将棋に『多面打ち』というゲームがあります。十人ほど並んだアマの将棋愛好家に対して、プロの棋士がひとりで指すというものです。実際に目の前で観戦したことがあるのですが、プロの指す手の早いこと。盤を見た瞬間にパッと指す。そして次の盤、さらに次の盤へと進んでいくのです。アマが相手ですから、プロは飛車とか角を落として指します。それでも、プロに勝つことができないのです。アマにはプロの指す手はわからないけれど、プロは全て見ぬいているということです。

経験や学習から習得された〝直観力〟〝認識力〟〝判断力〟などのレベルがまったく違うからです。プロは、〝勝つために先を読む力〟を磨きあげているのです。

ではそういう観点でリッツ・カールトンの仕事を捉えると、どうでしょう。ホテルにおみえになるお客様は、世界中で質の高いサービスを経験されています。つまりお客様の感性のほうが圧倒的に高い場合が多いのです。まさに将棋でいう上段者のレベルです。まだ人生経験が浅い頃には、私自身の経験も含めてですが、お客様のニーズがみえないものです。正直、焦りますね。

でもハウス栽培の野菜のように急ぐことはありません。誰でも時間をかけて価値観や感性を磨くものです。じっくりと謙虚に学ぶ姿勢が成長を支えることを知りましょう。

百年思考

42

｜感性｜感謝｜成長｜

感謝する気持ちが、
感性のアンテナを
育てる。

毎日使う背広や靴は
日々闘う営業マンにとって
パートナーそのもの
（福生院にて）

靴を磨けば、感性もまた磨かれるのです

感性を磨くことは、仕事のプロとして大事なことです。

感性は多くの場合、現場経験の積み重ねで磨かれますが、他にもいろいろ工夫することができます。

例えば、今までとは違う習慣をつくっていくという方法があります。

営業で外回りをする人の場合を考えてみましょう。

仕事を終えて家に帰った時、一日中、自分の体重を支えて一緒に働いてくれた靴に、どんな気持ちを添えるのか。ほこりを払い、木型を入れて「お疲れ様」と声をかけて下駄箱にしまっているか。背広はどうでしょう。やはり一日中、一緒に戦ってくれたパートナー、いわば戦闘服です。ズボンの膝のしわを伸ばし、肩から背中の部分にはブラシをかけて、「今日も一日ご苦労様」と声をかけてクローゼットにしまう。たったそれだけのことを三か月くらい続けるだけで感性のアンテナが立ってきます。

毎日の単調な繰り返しのなかで、少しだけ視点を変える工夫をしてみましょう。それだけでも、景色が違って見えるものです。

感性のアンテナの感度が高まり、生き生きとした仕事ができるようになるのは、そうした瞬間なのです。

百年思考

43

｜意識｜成長｜

平等に与えられている
〝時間〟の価値も
大きく変わるものです。

モノを尋ねるというのは
知恵を借りるということ
（吉祥院にて）

〝時間を買う〟ということを意識していますか？

世の中をみてみると、なんでも自分でやらないと気がすまない人と、これだけは自分がやるということ以外は、周りのプロや部下に上手に委ねる人がいます。正確にはどちらもやりたくないという人もいますが、それはいったんおいておきましょう。

私のお師匠たちは、例外なく後者です。つまり上手に仕事を振りわけることで、自分の時間をつくりだしているのです。

誰にでも公平に与えられている時間は、一日二十四時間、一年三六五日です。ところが、まるで一日を四十八時間分使っているような人がいます。この違いを生みだしているのが『パワーパートナー』、すなわち仕事を任せて安心な人の存在です。パワーパートナーの数が多いほど時間を有効に使うことができるという発想です。パワーパートナーが三人いたなら、一時間が三倍にもなるというわけですね。

ビジネスパーソンであれば、コストパフォーマンスを常に考えます。どうやってコストを削るかではなく、どこにコストをかけるかを考えるという発想です。例えば移動の際にバスとタクシーという選択肢があったとします。バスを乗りついでいくと一時間以上かかります。タクシーを使った場合は二十分で着きます。費用は五倍以上。しかし、四十分という時間を買うには安い投資です。ある年齢を過ぎたらそんな視点も持ちたいものです。

百年思考

44

｜人間力｜言葉｜成長｜リーダー｜

リーダーシップとは、
人を勇気づけ、
成長させるものです。

優れたリーダーの言葉には
言霊が宿っているものだ
（常智院にて）

リッツ・カールトン二代目社長、クーパー氏の教え

「私は、穏やかな海では優秀な船乗りは育たないことを知っている。今、我々の目の前には、大きな荒波が押し寄せている。これを乗りきってこそ、リッツ・カールトンのスタッフは大きく成長できるのだ。これは我々にとって好機なのだ」

二〇〇八年十二月。リーマンショック後に開かれたリーダー会議の席上で、二代目社長であるクーパー氏が発したコメントでした。

悲観的になっていたリーダーたちが、この言葉にどれほど勇気づけられたことか。その後、かつてないレベルでお互いにアイデアを出し合い、知恵を絞り、わずかの間に業績を回復させていったのです。解雇することもなく、奇跡的ともいえる快挙でした。

「人も組織も動かすものではなく、動くものである」。

これは自己啓発セミナーなどでもよく聞く言葉です。

では自分が動きたくなる原動力とは何か。

それは、圧倒的なレベルでの相互依存と信頼に裏打ちされた人間関係ではないでしょうか。そしてそれを確認し合うのが言葉による対話です。

クーパー氏のように、そこにどれだけの言霊をこめることができるか。まさに人間力が試される瞬間です。

百年思考

45

｜組織｜人間力｜

経営者の重力が、
職場の安心感を
生みだします。

信頼は何をするかより、
どう在るかで築かれる
（徳寿院にて）

あなたは重力のある生き方をしていますか？

人の生き方や組織の在り方に、重力を感じる瞬間というのがあります。例えば、長野県の南信地方にある『伊那食品工業』の塚越最高顧問や、埼玉県の『川越胃腸病院』の望月院長など。社会的にも注目度が高いお二人ですが、いつお会いしても、穏やかで、謙虚さが伝わってくるのです。心が乱れている様子など、一度たりとも拝見したことはありません。そこに、あたかも木鶏《もっけい》のごとく、何事にも動じない、人としての重力を感じるのです。経営者がぶれない信念と使命感をお持ちだからこそ、そこで働く社員や職員のみなさんも、安心して働くことができるのです。

良い組織には例外なく、必ず〝安心〟な環境が備わっています。自分が必要とされている安心感、自分は組織と強い絆で結ばれているという安心感、そして自分の働き方は仲間やお客様に感謝されている安心感と喜び。人が感じる働きがいや生きがいとは、そういうことなのではないでしょうか。

「良い社員に恵まれて自分は幸運だ」、「この会社で働くことができて、自分はなんと幸せなことだろう」。

トップと社員との間に、迷いのない信頼関係が築かれた時に初めて、その組織の重力もまた生まれるのだろうと思うのです。

百年思考

46

｜組織｜戦略｜

戦わずして
勝つために、
知恵を総動員させる。

誰も傷つけずに成果を上げる
戦略とは本来そういうもの
（長養院にて）

人も組織も動かすものではなく、動くもの

経営者でなくとも、おそらくビジネスマンであれば、誰もが一度は手にとるのが『孫子』ではないでしょうか。海外でも『The Art of War』というタイトルで翻訳され、多くの経営者に影響を与えています。

『孫子』で代表的なのが「敵を知り己を知れば百戦危うからず」でしょう。自社のこともライバルのことも熟知していれば、戦いに敗れることはないという意味です。

かつて私が働いていたリッツ・カールトンでも、本社のリーダーたちは『孫子』を熟読していました。だから最高の戦略思考とは、ライバルを倒すことではなく、戦わないことであると理解していたのです。戦略とは〝戦いを略す〟と書きます。だから、戦わずして勝つにはどうするかを徹底的に考えぬきました。そして全ての社員に高いスペックで働いてもらうために、七つの仕事の基本をつくったのです。

〝働く誇りと喜びの創造〟〝考えるな、感じよ！〟〝楽しんでこそ仕事〟〝お祝いを大切にする〟〝優しさはプロの必須条件〟〝情熱が組織を動かす〟〝お客様の願望は即解決〟。

加えて、全社員に、二千ドルの決裁権も与えました。これらは全て、社員が主体的に動くことができるようにするための仕組みであり、成長を促すための手段でもあるのです。

つまるところ、人も組織も動かすものではなく、動くものであるからなのです。

百年思考

47

| 言葉 | 気づき | 思いやり |

言葉を変えると、景色が変わる。

相手のためにやるのか
相手の立場にたってやるのか
（玄証院にて）

相手の立場で考える感性、磨いていますか？

アメリカ時代に参加した営業セミナーで、講師がこんな課題を投げかけました。

「さて、これまで学んできたように、営業の基本は、相手の立場に立って考え、提案するということでしたね。ではここでゲームをしましょう。隣の方とペアを組んで、これまで自分が食べて最高に美味しかった料理を相手に勧めてください。1分経ったら交代です。はいスタート！」。

六十人ほどの会場は、一瞬にして蜂の巣をつついたようなありさまです。営業トークのプロ集団ですから、その賑やかなこと。

やがて時間になり、講師がこう問いかけました。

「ではお聞きしましょう。このなかで、相手の方に、『食品アレルギーや苦手な食材はありますか？』というような質問から入った人はいますか？」

会場は一瞬、シーンとなります。

そして、「あっそういうことか！」という表情になりました。

みな、自分が美味しいと思ったものを「相手のために」必死に勧めていました。でも「相手の立場に立って」考えるという視点が抜けていたことに気づいたのです。

似たような言葉でも、その視点の先にある景色はまったく違うのですね。

百年思考

48

｜自省｜変化｜パラダイムシフト｜

売れないのは「あなたから買う理由がない」からです。

売れる営業マンと
売れない営業マンの
たったひとつの違い
（本覚院にて）

モノの時代から心の時代へ。変わったのは市場ではなく人間そのもの

『プロダクト・アウト』という言葉があります。

高度成長期（膨張期？）には、自動車でも家電製品でも、ホテルでさえも、つくりさえすれば市場は受けいれてくれました。プロダクト・アウトとはつまり、企業側の都合に合わせて製品（プロダクト）をつくり、そのあとで売りだし方（アウト）を考えるという発想を指した言葉です。

しかしバブル経済がはじけ、リーマンショックを経験するなど、市場は大きなパラダイムシフトを起こしました。モノが売れない時代に突入したのです。企業側の都合など、消費者には関係ないのです。

人は〝買いたいモノ〟を、〝買いたいトキ〟に、〝買いたいヒト〟からしか買わなくなりました。今ではどの業界でも、売り手の都合を押しつけるのではなくて、お客様のニーズを捉えることが最優先になりました。さらにもう一歩進んで、まだお客様ですら気がついていない潜在的なニーズを探りあてて、先取りしていくという努力が必要なのです。

つまり今は、〝観て・聴いて・感じて・考えて・提案する〟力を磨かないと勝負できない時代だということです。営業成績が上がらないと悩む前にこう自問自答してみましょう。

「自分にはたして、お客様に選んでいただく理由があるだろうか？」

百年思考

49

｜おもてなし｜思いやり｜

普通の仕事を、
普通ではない
レベルでやる。

たかがドアマン、されどドアマン
違いを生みだす違いは何か
（長養院にて）

毎日の仕事に、違った視点を当ててみる

さて、あなたはあるホテルでドアマンとして働いているとします。ある日、あなたの前にタクシーが停まりました。さあ、ドアマンとしてどんな行動がとれるのか想像してみてください。タクシーに近づき、中をさっと観察しました。ご高齢のご婦人が代金の支払いをしています。彼女の向こう側には、みるからに重そうなボストンバッグが置いてあります。きっとあなたは、開いたドアに手をかけて、お客様が降りる時に頭をぶつけないようにガードします。ドアマンとして、いつも普通にする動作です。

さて、ここであなたなら、ご婦人になんと声をかけますか？

ドアに手をかけながら、①「いらっしゃいませ」。そう言って、彼女が荷物を持って降りるのを待つ。②「いらっしゃいませ。そのお荷物、先にお預かりしましょうか」。そして彼女からバッグを受けとり、車から降りるのを待つ。③「いらっしゃいませ。そのお荷物、どうぞそのままでお降りください」。そして彼女が降りるのを待ってから、反対側のドアを開けてバッグを降ろし、エレベーターにご案内する。①と②はよく見られる光景です。しかし③の行動は、ボストンバッグは高齢者にとっては重いものだと想像できなければとれないのです。誰もがやっている仕事を、誰もがやらないレベルでやる。そこに違いを生みだす違いがあるのです。

百年思考
50

|生き方|成長|ホスピタリティ|

いい人と歩けば
〝お祭り〟、
悪い人と歩けば
〝修業〟なのです。

有難いという思いも
悲しみや憎しみも
天は全てお見通し
（善行院にて）

自分の職場の人間関係をどんな視点で捉えているか

『最後の瞽女《ごぜ》』と呼ばれた小林ハルさん。『瞽女』とは、盲目で、三味線を弾き、唄いながら村々を巡った女芸人のことです。彼女はたくさんの言葉を残しました。

「どこに行ってもいくつになっても、苦労はあるものだ。でも、どんなにせつなくても、心のうちは神様や仏様が見透かしておられる。他の人たちは、そんなことをわからずに、言いたいことを言い、したいことをするが、私は決して無理なことを言ったりしたりしないで、神様、仏様におまかせしてきた」。

ハルさんの若い時のご苦労は想像を絶するものだったそうです。生後三か月で完全失明。五歳から修行を始めて、親方や先輩に連れられて全国を回りました。欲深い親方も、意地悪な先輩もいたことでしょう。いわれのない差別、仲間はずれ、時には暴力もあったのかもしれません。そんなハルさんの、見えない目に浮かべた数限りない涙の粒から紡ぎだされた言葉。「いい人と歩けば〝お祭り〟、悪い人と歩けば〝修行〟」。

仕事では上司は選べません。職場の人間関係もまた、自分で選べないものがほとんどです。だからこそ職場にあるのは〝祭り〟と〝修行〟と割りきる。良き人と働けば祭り。苦手な人と働けば修業。どちらも、ホスピタリティを磨く心の筋トレと受けとめることができるのです。

百年思考

51

｜組織｜やりがい｜

やりがいという
メリットは
何よりも大きいのです。

個人個人の100％が集まり
チームの110％になる瞬間
（吉祥院にて）

陸上競技のリレーから何を学びますか？

陸上競技のリレーは、とても興味深い種目だと思います。二〇一六年のリオオリンピック。男子四×百メートルリレーで、日本チームが奇跡の銀メダルに輝きました。しかし、個人レベルでの記録は、海外の選手に劣っていました。それが、四人でバトンを繋いで走るリレーでは、海外の有力チームを凌いだのです。

これはすごいことだと思います。バトンを渡す技術もさることながら、スポーツにおける個人プレーとチームプレーの在り方が垣間見えてきます。

では、ビジネスの世界ではどうでしょうか。リーダーは、チーム一丸となってとか、チーム力で乗りきろうなどとハッパをかけます。能力を一〇〇％発揮している社員はどれくらいいるでしょうか。

ある会社のＣＥＯが記者会見で、「御社では何人の社員が働いているのですか？」と聞かれた際に、「うちには二万人の社員がいるが、働いているのは、果たして何人だろう……」と答えたとか。これは決して笑い話の世界ではないのです。

能力があるのにそれを発揮しない、つまり働いていないのは、会社にとっても、社員にとっても不幸なことです。個性が際立ちすぎるとリスクは伴いますが、それ以上に社員がやりがいを感じるというメリットのほうが大きいのです。

百年思考

52

|おもてなし|ホスピタリティ|

絆の糸を結ぶのか
断ち切るのかは、
あなた次第なのです。

お客様はお金を使いたい
お店はお金を使わせてくれない
（尊勝院にて）

「決められたとおりにやります」は、「決められたとおりにしかやりません」

あるホテルでのこと。朝九時に、お客様からルームサービスに「夜食メニューのきつねうどん、今頼めませんか？」という電話が入りました。こんな時、ほとんどのホテルは、「申し訳ありませんが、朝食のメニューからお選びいただけますか？」と返します。社員は会社が決めたルールどおりに働いています。何も間違ってはいません。しかし、お客様にとっては、食べたいものが食べられないという宣告になります。

これはホテルにとっての都合であり、お客様の都合ではないのです。こんな時は、料理長が気持ちよく「ＯＫ！」と言えばすむ話ですね。

お客様はいろいろな形でスタッフに〝絆の糸〟を投げかけてくれます。その糸を結ぶのも、あっさりと断ちきってしまうのも、実は現場のスタッフの判断なのです。マニュアルに忠実なスタッフであるほど、それを守ります。この場合も、お客様の「私の願いを聞いてください。どうかお金を使わせてください」というメッセージなのです。

しかし、返事は、「うちのホテルが決めたルールどおりに使ってくれれば、あなたのお金を受けとりましょう」というものでした。これはホテルの現場だけの話ではありませんね。絆の糸を大切にすることは、ホスピタリティの実現です。それは会社にとって大切な収益にも繋がるということなのですね。みなさんのビジネスでは、いかがですか。

百年思考

53

｜教育｜やりがい｜組織｜リーダー｜

人は活かされてこそ、仕事人生を全うできるものなのです。

道具を使う
奴隷を使う
人を使う？
（善行院にて）

あなたの会社は人を使いますか、それとも人を活かしますか？

居酒屋などでよく耳にする会話。「あの部長さんは実に人の使い方がうまいね」、「うちもようやく、百人の社員を使うところまできました」。極めて普通に聞こえますね。でも考えてみてください。牛や馬を使う、道具を使う、昔なら奴隷を使う。これらは一応間違った表現ではないといえるでしょう。では、人を使うというのはいかがでしょうか。

人は使おうとすればするほど、使われまいとします。自分に置きかえて考えると、そのとおりだと納得しますね。機械や道具みたいに使われたいなんて、誰も思いませんね。組織のトップのみなさんはいかがでしょう。会社にとって最も大切な財産である社員を使うという発想を捨ててみませんか。

では使わないのであるならばどうするか。〝活かす〟ことですね。社員みんなが、知識や経験、知恵を使って働ける環境を用意する。そして、その人を精一杯、活かすことを考える。人は自分が必要とされ、頼りにされ、大切にされ、感謝されることほど嬉しいことはありません。そして仕事を通して人の役に立つことは、働きがい、生きがいになるものです。まさに生きていてよかったと実感する瞬間です。

組織のリーダーはもちろん、一緒に働く仲間として、それぞれが自分の場所で活き活きと輝けるような、そんな組織風土をつくりあげていきたいものですね。

百年思考

54

｜組織｜教育｜

チームワークは、
共感と共鳴が
起きた時
生まれるのです。

会社のビジョンは
北極星のようなもの
組織のミッションは
働く糧となるもの
（常住院にて）

会社のビジョンとミッションは共有できていますか？

多くの会社は、創業期の理念に基づいて経営がなされています。それらは『社是』や『心得』、『経営指針』などのかたちで、職場の壁に掲げられていたりします。

例えばそれは〝社会に貢献できる企業を目指すこと〟であったり、〝お客様のニーズを最優先すること〟であったり。

では、それらの理念は経営者と同じレベルで、幹部や現場の社員に共有されているでしょうか。会社のビジョン、あるいは志は、海原を進む船にとっての北極星のようなもの。高いところで輝き、常に自分たちの進むべき道を示してくれます。だから船長も船員も安心して同じ方向に船を進めることができます。

会社の経営も同じですね。目指すべきビジョンが見えているからこそ、経営者と社員が一丸となって働くことができるわけです。すると次に、なぜそのビジョンに向かうのかというミッション、つまり使命が見えてきます。ビジョン達成はなんのためなのか。使命とは読んで字のごとく、命をどう使うのかということです。その使命感が共有され、共感が生まれ、心の深いところで共鳴が起きた時、組織として大きな力を発揮するものです。

リッツ・カールトンではその共鳴する力を〝チームワーク〟と呼んでいました。みんなの心が寄り添って、ハイレベルの相互依存が生まれる瞬間でもあるのです。

百年思考

55

｜組織｜ホスピタリティ｜

会社の健康状態は、
社員を見たら
わかるものです。

人を雇用するのか
人を選別するのか
相互に選択するのか
（薬王院にて）

人も会社も、体調管理を大切にしなくてはいけない

私たちは定期的に運動をしたり、健康診断を受けたりして、体調管理に気を使います。さらに普段から食事に気を使ったり、サプリメントはどんなものを摂るかなど、いろいろ考えたりもしますね。病気や怪我などは、なるべく早く治療します。全て自分の健康維持のためですね。

では、企業の健康を左右するものはなんでしょうか。

リッツ・カールトンでは、社員が最も大きな要素であると考えました。今年入社する社員が、五年後、十年後の企業の健康を決めるとしたら。食べるものを慎重に選ぶように、社員もまた、時間とエネルギーをかけて慎重に選ばなくてはなりません。自社の企業理念や使命感を共有できる人材だろうかなど、そこに妥協はないのです。

そして大事なことは、社員を〝選択する〟ということです。単に人を雇うのではありません。ここでいう選択とは相互に相手を選ぶことです。企業側はこういう資質の人を選びたい。応募する側はこういう企業で自分の力を試してみたい。そこで相互選択が生まれます。雇用、つまり雇って用いるというのは、ほとんどの場合、企業が書類選考や威圧的な面接などで、一方的に選別することですね。心と心が通い合う職場、ホスピタリティ溢れる職場を目指すのであれば、相互選択というプロセスがとても大事になるのです。

百年思考

56

｜成長｜ホスピタリティ｜組織｜リーダー｜

ホスピタリティの実現には、相応の覚悟が必要なのです。

低い山は山歩きの気楽さで
高い山は覚悟を持って挑む

（威徳院にて）

目標の立て方で、自分の在り方が決まる

十キロの旅に出る時の第一歩と、百キロの旅の第一歩。低い山に遊びに行く時の第一歩と、富士山に登る時の第一歩。同じ一歩でも踏みだす時の覚悟は大きく違います。

何を申しあげたいのか。それは、自分が定めた目標の高さが自分の覚悟を決めるということ。すなわち、日々の自分の想いや行動もまた、目標次第で定まるともいえるのです。

さて、ホスピタリティとは、相手の心に自分の心を寄り添えて対話をする姿勢そのものであると定義することができます。言葉で言うのは簡単ですが、日々の仕事でこれを実行し続けるのは容易ではありません。

リッツ・カールトンでも、全スタッフが毎日、そのためのトレーニングを行っていました。なぜなら、自分自身の人間力以上に、お客様に深く強く心を寄り添えることはできないからです。どんな仕事であっても、スタッフが醸しだすワクワク感以上に、お客様がワクワクしてくれることはあり得ないということです。

つまり、自分は最高のホスピタリティを提供すると決めたのであるならば、それを実現するために、まずは自分が成長しなくてはならないということです。さらに、仲間の成長を支える覚悟が定まったならば、リーダーシップへの第一歩を踏みだせたことにもなりますね。

百年思考

57

｜思いやり｜気づき｜成長｜

気づく力は、
ビジネスでも
最強の武器に
なるのです。

気づいたら改善しよう
気づいたら動きだそう
（兄部坊にて）

あなたは周りから、気がきく人だと思われていますか？

ビジネスの世界では、気がきく人はとても重宝がられます。もちろん、上司に気に入られるからなどではありませんよ。それは、〝気づくことは改善できる〟が、〝気づかないことは改善できない〟から。つまり、気づく能力というのは、お客様へ提供する価値を高める出発点となるからです。そして、気がきくというのは、この気づく能力を持って、他人に奉仕することなのですね。だから気をきかせるというのは、相手の考えや気持ち、求めていることが読めているということです。ということは、逆に言うと相手が求めていないのであれば、それは気づかいにはならないということです。自分は相手のためを思ってしただけなのになどと、エゴが強く出ると、自分をわかってくれない人や、同じようにしない人を認めることができなくなってしまいます。心したいものですね。

また言葉で伝えるだけではなく、行動で伝えることも大事なことです。

外国から友人があなたのいる東京に訪ねてきて、大阪まで旅をしたいと言ったとします。あなたが彼のために新幹線を手配する時、どんなことに気を配りますか。そうです、富士山の見える窓側の座席を予約することですね。大阪までの旅を楽しんでほしいという気持ちを、言葉だけでなく形にして伝える、ということです。

それを楽しんで行う時、あなたの感性のエンジンもまた大きく育っていくのです。

百年思考

58

｜自省｜人間関係｜言葉｜思いやり｜ホスピタリティ｜

人の受けとり方は、
三者三様なのだと
心得ましょう。

同じ言葉なのに
相手のどこに響くかで
受けとり方は違うもの

（常智院にて）

周りの人の心に寄り添ってみませんか？

日本には昔から、庶民の知恵を伝える『道歌《どうか》』があります。例をあげましょう。
「手を打てば　ハイと応える　鳥逃げる　鯉は集まる　猿沢の池」。
この道歌は奈良の猿沢の池にある旅館の情景です。お客さんが、女中さんを呼ぼうとして、ポンポンと手を打つ。すると、それが聞こえた女中さんが「ハ～イ」と〝応える〟。でも屋根の鳥は追い払われたと勘違いして〝逃げる〟。池の鯉は餌の時間かと思って池のふちに〝集まる〟。

いかがでしょうか。単純に、ポンと手を打つというひとつの動作ですら、三者三様に受けとめられるということの教訓ですね。同様なことが、毎日の仕事の現場でも起きているとは思いませんか？　何気なく発した言葉が、気づかぬところで相手を傷つけたり、不快にさせたりということがあるものです。最近どうも上司とそりが合わないとか、部下とうまくコミュニケーションが取れないということはありませんか？

もしもそうであるならば、言葉や行動が相手にどう受けとられているのか、相手の立場に立って考えてみてはいかがでしょう。相手に聞いてみるのもいいでしょう。誰だって気持ちよく働きたいし、良好な人間関係を築きたいと思っているはずです。

自分から一歩だけ相手の心に寄り添うのも職場のホスピタリティなのですから。

百年思考

59

｜おもてなし｜ホスピタリティ｜日本文化｜成長｜

おもてなしにも、
『守・破・離』が
あるのです。

マニュアルで基礎体力をつけて
サービスを超える瞬間を実践
（尊勝院にて）

あなたのサービススペックの棚卸しをしてみませんか?

日本の伝統芸能や武道の世界には『守・破・離』という考え方があります。道を究めるのに徹底的に基礎を学ぶ。これが『守』の段階です。形や作法、動きの基本を身につけるわけです。基本が身についたら、次にその形を少しだけ変えてみる。自分にとって、より自然に、美しく感じる方法や形を表現してみるのです。これが『破』の段階です。最後は自分独特の形にそれを昇華させていく。これが『離』の段階です。いろいろな流派はこうして生まれてきたのですね。

サービスの現場では、マナーや接遇の基本を徹底的に叩きこんでいきます。立ち方、歩き方、姿勢の正し方、話し方などですね。そして少しずつ自分らしさを表現してみるのです。それを続けていくうちに、段々とひとりひとりの個性が、企業風土のなかで光り始めて、いい形で溶け合っていくわけです。その人らしさ、その人にしか出せない〝味〟のようなものが生まれてくるのですね。日本の老舗ホテルや旅館には、そうした職人の風合いを持つおもてなしの達人がいらっしゃいます。その人たちも、初めはマニュアルでサービスの基礎を叩きこまれたはずです。そのうえで、時間をかけて自分の世界観を表現するサービス、おもてなしを編みだしていったのでしょう。

それこそがホスピタリティの実践における醍醐味だと思うのです。

百年思考

60

｜自省｜ホスピタリティ｜リーダー｜

自分とは、
他人にとっての環境
そのものなのです。

空気清浄器のような人
毒ガス発生器のような人
さて、あなたは？

（吉祥院にて）

人は尊厳を持って向き合ってほしいと願うもの

仕事中、こんな経験はありませんか。あなたは上司のところに相談に行きました。でも忙しい上司は、あなたに体を向けることもないまま聞いています。こんな態度をとられたら、嫌だと思いませんか。職場のこうしたことは、人に大きなストレスを与えてしまいます。そこに、「おまえの話など、まともに聴く価値はない」という暗黙のメッセージを感じてしまうからですね。

人の話を聴く時はいったん仕事を中断して、顔だけではなく体全体をその人のほうに向ける。それが、「あなたの話をちゃんと聴きますよ」というサインです。もし手が離せない時は、言葉でその旨を伝えます。「今、緊急案件に取りくんでいるので、一時間後に私のほうから君の席に行こう」。これだけでいいのです。相手には十分に気持ちが伝わりますね。

また会議中、あなたが話している最中に、上司が手に持ったペンを回したり、時計を何度も見たり、会議室の入り口に目をやったりしたらどうでしょう。これらは本人にとってはたいした意味のない、単なる癖なのかもしれません。でもこれらの動作は、「おまえの話はつまらん」というメッセージになりかねません。

無意識の動作が、相手にとってストレスになる。これはホスピタリティとちょうど反対の行為です。時々は自分の行動を振り返ってみてはいかがでしょうか。

百年思考

61

｜思いやり｜意識｜

時間とは命そのもの、敬意を払いましょう。

一度失ったら
二度と元に戻らないもの
それが時間
（常智院にて）

時泥棒は、江戸の時代から最も尊敬されない行為

待ち合わせや約束に平気で遅刻をする人がいます。企業内研修でも五分くらい遅れて入ってきて、空いている席に堂々と座る。こういう人は、顧客との約束に数分遅れてもいっこうに平気なんだろうなと想像してしまいます。一緒に仕事をしたいとは思いませんね。

仕事のプロとして考えてみましょう。人にとって最も大切な財産、資産とはなんでしょうか。一度失ったら、もう二度と取り返すことができないもの。そうです。〝時間〟ですね。物もお金も再び取り戻すことはできる。しかし失われた時間は、二度と戻ってこないのです。だから相手の時間に対しては　最大の敬意を表わすべきです。そう考えると、遅刻など簡単にできるものではありません。

またこんなこともありました。電話に出たら相手から、「今ちょっと大丈夫ですか？」と言われ、「研修中ですが、ちょっとなら」と応えました。すると十五分くらい話されてしまい、トイレに行く時間がなくなってしまった。私の〝ちょっと〟は三分、相手の〝ちょっと〟は十五分だったのですね。ひと言、「今十五分ほど話せますか」と聞かれたら、「研修の休憩中なので三分でよければ」と返すことができます。

江戸時代には、相手の時間を大事にしない人は、『時泥棒』と呼ばれて軽蔑されていたのです。『時は金なり』ともいいます。心して大切にしたいものです。

百年思考

62

｜ホスピタリティ｜思いやり｜

〝言われたことをやる〟は、
〝言われたことしかやらない〟に通じます。

すでに言葉にしている思い
まだ言葉にされていな想い
さあ、どこまで寄り添えるか
（白蓮坊にて）

相手の気持ちにどこまで寄り添えていますか？

冗談のような本当の話。女性がランチの買いだしにハンバーガー店に行った時のこと。

女性「ハンバーガー五個とチーズバーガーを五個お願いします」

店員「こちらでお召しあがりですか、それともお持ち帰りですか？」

女性客がよほど大食いに見えたのでしょうか。もしウケ狙いでこんな言葉をかけたのならばたいしたものです。しかし、残念ながらそうではなかった。店員は、マニュアルどおりの声がけをしただけ。でも目の前のお客を見ていなかった、心を添えていなかったということなのですね。

出張先のホテルで、いつもの電気カミソリを忘れた男性。備えつけの安全剃刀を使ったところ、頬を切ってしまった。なかなか血が止まらない。そこでフロントに電話をして救急絆創膏を持ってきてもらい自分で手当てをしました。すると三十分後くらいに電話が入った。「お客様、傷の具合はいかがですか？　血は止まりましたか？　絆創膏とタオル、もっとお持ちいたしましょうか」。心配したホテルのスタッフからでした。彼はすっかり感動して、それ以来、出張では必ずそのホテルを使っています。ホテルのスタッフは言われたことをしただけでは終わらなかった。さらに相手の半歩先に心を添えてみたのです。お客様の小さな感動は、こうした心と心の温かな交流から生まれるものなのですね。

百年思考

63

| おもてなし | 思いやり | 成長 |

おもてなしは
身近なところに
心を寄せて。

資格を取った友人に
お誕生日の友人に
どんな言葉をかけたか
（明行寺にて）

身近な人を喜ばせるために、最近何をしましたか？

おもてなしと聞いて、何を思いうかべますか。旅館の仲居さんが食事の用意やお休みの準備をすることでしょうか。あるいは、ホテルのドアマンが車のドアを開けたり、荷物を運んだりすることでしょうか。リッツ・カールトンでスタッフを見ていた時に気づいたことがあります。それはおもてなしの心をうまく表現できる人と、そうではない人がいるということです。その違いはどこから来るのでしょうか。それを解くカギはリッツ・カールトン流のこの質問です。

「あなたは先週、身近な人を喜ばせるためにどんなことを、何回しましたか？」

みなさんも考えてみてください。友人が資格を取った、試験に合格した、彼女ができた、子供が生まれた、スポーツの大会で優勝したなど、なんでもいいのです。それを知った時に、電話やメールでひと言お祝いや喜びを伝えましたか？

実はそれができる人が、表現力が豊かなホテルマンへと成長していきます。日々のちょっとした心づかいから、おもてなしの心が育まれていくわけなのですね。みなさんも新しい服や靴を買った時、あるいは美容院で髪形を変えてみた時、それに気づいて褒めたりコメントしたりしてくれる人がいたら、嬉しくはありませんか？　それならば、まずはみなさんが自分から先に気づいてあげて、ひと言想いを伝えてみてはいかがでしょう。

百年思考

64

｜変化｜成長｜

〃カン違い〃で、
根拠のない自信を
持ちましょう。

思いこみの力を
侮ってはいけません
（随行坊にて）

変わってしまった自分のイメージを想像できますか？

成長意欲の高い人ほど、綿密に計画を立て、目標を定め、時間を管理する傾向が強いような気がします。もちろんそれが間違っているわけではありません。しかし、成長する時の原動力は違うところにあるように思うのです。

それは、理屈や論理を超えた、感情や情熱なのではないでしょうか。そして、その情熱にスイッチを入れるのが想像力なのだと思います。

この想像力の産物に、〝カン違い〟があります。

例えば、「自分はすごい！」「自分はできる！」「自分は求められている！」「自分は信頼されている！」「自分は感謝されている！」「自分は人を幸せにできる！」など。

こうした根拠のない自信は、とどのつまりカン違いから来るものです。しかしこのカン違いを侮ってはいけません。なぜなら、カン違いがセルフイメージをつくりだし、そのイメージの方向に加速度的に進み、変わり始めるものだからです。かつて、他のホテルからリッツ・カールトンに移籍してきたスタッフが、みるみる変わっていくのを目の当たりにしました。表情も姿勢も使う言葉も立ち居振る舞いも、どんどん良くなる。自分は日本一のホテルの一員だというところからくるカン違いが、セルフイメージを変え、成長を促していく。それこそが、創業者のシュルツィ氏のイメージ戦略だったのですね。

百年思考

65

｜人間力｜成長｜やりがい｜

〝雇われる力〟は、
人からの信任で
得られます。

信頼され、尊敬され、感謝されて
初めてクレジットが生まれる
（常智院にて）

雇ってもらえる力、磨き続けていますか？

リッツ・カールトンを退職し、生まれ故郷の長野で、長野市長選に出馬するも、六五一票届かずに敗れ、その後『人とホスピタリティ研究所』を立ちあげてから十数年が経ちました。今はおかげ様で、様々な企業・団体からお声がけいただき、講演や研修で忙しい日々を送っています。

そんななか、相談を受けることがあります。企業側からではなく、研修をする側の人からです。つまり、起業して研修やセミナーを開催する講師の立場になった人、という意味です。その相談とは、「どうすれば、研修・セミナー・顧問などの依頼が来るようになるのでしょうか」というもの。答えは簡単です。それは、起業したあとも〝雇われる力〟をつけるということ。それに尽きると思います。では雇ってもらえる力とは何か。これも簡単にいうと、人から信頼され、尊敬され、共感していただける力のことです。すなわち、日頃から蓄積された〝クレジット〟（信任）が自分にあるかどうかが肝心なのです。研修・セミナー講師の最大の役割は、働く喜びや学び続ける喜びを伝えること。それに尽きるといってもいいでしょう。信頼できる人の言葉は、自分のなかに素直に入ってきます。

私たちの働く職場では、もうすでにたくさんのロボットが活躍しています。でも、働く喜びや生きがいなどを伝えることは、人間にしかできませんね。

百年思考

66

｜ホスピタリティ｜教育｜組織｜

ホスピタリティの種は、
丁寧に蒔かなくては
なりません。

大根の種からは大根が
樫の種からは樫が育つ
（吉祥院にて）

何を収穫したいかで蒔く種が決まるのです

最近は都会でも、マンションのベランダなどを利用して、家庭菜園が流行っていますね。だから農家でなくても、ある真実を知っています。それは、トマトの種からはトマトが、ナスの種からはナスが育つということ。当たり前じゃないかと言われそうです。すなわち、蒔く種によって収穫できるものが決まるということですね。そこに例外はありません。

これを会社の人材育成に置き換えてみるとわかりやすいと思いませんか？　つまり、新入社員の心にどんな種を蒔くのかで、どんな人材に育つのかが決まるということです。

業績が順調な時は、企業は人を育てるためにあまりお金とエネルギーを使いませんでした。現場で仕事を覚えさせ、組織の歯車にしあげる。それを教育と勘違いしていたのでしょう。しかし、世界的不況などで状況が一変しました。ハウス栽培の野菜のような人材は生き残れなくなりました。簡単に手に入るものは、簡単に失うのと同様に、簡単にできたものは、簡単に壊れてしまうのです。

だからこれからは、しっかりと深く根を張った樫の木のような人材が求められます。社員のホスピタリティの心もまた同じです。会社に信頼され感謝され、大切にされることで、周りに対しても優しく温かく接することができる〝人財〟が育つ。そこにも例外はないのです。いずれにしても、蒔かない種は決して芽を出すことはないのですから。

百年思考

67

｜パラダイムシフト｜変化｜成長｜

成功者たちはみな、
〝進歩〟から〝進化〟へ
成長の質を
変えています。

人の成長の質的変化は
進化の過程で最大化する
（徳寿院にて）

あなたの成長は進歩ですか、それとも進化ですか？

働く時の理想的な環境は、得意なことを心ゆくまでやれることでしょう。人は好きなことをしている時にはどんどん進歩します。ところが、思いどおりにならないのが現実というものです。やってみたら得意な分類に入るのに、どうも気が乗らない。あるいは反対にあまり得意ではないけれど、やらざるを得ない仕事もあるわけです。

では世の中の成功者たちはみな得意なことで名を成してきたのでしょうか。彼らに共通してみられる特徴は、その成長の質的変化だと思います。つまり、彼らは〝進歩〟から〝進化〟へと成長の質を変えているのです。進み歩むことから、進んで化けることを心がけているのです。

すなわち、これまでとは違う自分に〝化ける〟ということです。好きな仕事を探し求めるのではなく、与えられた仕事に精一杯向き合い、それを好きになる視点を探してみる。まさにパラダイムシフトを起こすわけですね。

例えばお茶出し。これは〝お茶の葉に熱いお湯を注いで、薄茶色の液体をつくりだすこと〟ではありません。〝目の前の人に最高のひと時を味わっていただくための大事な機会〟なのです。だから相手に合わせてお湯の温度や濃さを工夫するようになっていきます。まさに進化であり、人間的にひと回り大きく成長する瞬間であるといえるでしょう。

百年思考

68

｜変化｜成長｜

セルフイメージを
デザインすることも
能力なのです。

マインドフルに自分を観て
在りたい自分をイメージする
（白蓮坊にて）

正直であることと自己開示は別のこと

人間、正直が一番。そこに異論を唱える人はいないでしょう。では職場においてはどうでしょうか。誰もが他人に知られたくない性格を抱えて生きています。気が弱い、あがり症、人見知り、集中力に欠ける……。実はこれは私自身のことです。でも仕事をするうえで、そうした弱点をさらけだしても評価が上がるわけでも仕事がはかどるわけでもありません。それより、自分はどう認知されたいのかを真剣に考えて、その姿に近づく努力をするほうが大事だと思うのです。正直さは大事ですが、自己開示はほどほどで良いのです。

世間を欺くとか、そういうことではありません。プロとして自分が目指す姿、つまりセルフイメージを描くことも能力のひとつだということをお伝えしたいのです。

内気で、気が小さく、人前に出るのがとても苦手という性格は、実は今でも変わっていません。それをセルフイメージのなかに包みこんで講演や研修の講師という自分をプロデュースしているのです。

リッツ・カールトンの社員たちもまた同じです。洗練され、垢抜けていて、いつもいい表情と笑顔で仕事ができている。世界最高峰のホテルというステージで、プロのホテルマンを演じきっているのです。だからリッツ・カールトンの一員として、日々最高の役づくりを目指すのです。

百年思考

69

｜意識｜信用｜

あてにされない人には、
残念な特徴が
あるのです。

あなただからお願いしたい
あなたには任せられない
（長養院にて）

仕事のプロの本質は、日頃の気働きに隠されている

会社に入った時は、みな新人です。それが年数を経て部下ができると、仕事のやり方が変わってきます。自分の業務に取りくむだけではなく、部下の面倒を見たり仕事を任せたりする場面が増えてきます。すると初めて見えてくるものがあります。それは仕事を安心して任せることができる部下と、少し心配な部下がいるということです。

「このあいだの営業先の案件、大丈夫なの？　契約書は交わしている？」「はい、先方も是非うちにという意向だと聞いています。契約書は今は必要ないと思います」。

そして一週間後、「すいません。ライバルのほうが少し安かったとかで、やられてしまいました」「なんだって！　コストの件は、聞いてなかったぞ」「絶対大丈夫だと思ったものですから。でも次は大丈夫です」。

本当にそうでしょうか。あなたが上司なら、この営業マンに次も任せると思いますか？

上司から見た時の、あてにできる部下と、できない部下の違い。それは日常の何気ない言動のなかにあるものです。「自分はイザとなったら必ず力を発揮します」と言う部下は、残念ながら、あてにはできないものです。日常の小さな打ち合わせや、こまめな確認を軽んじることなく、コツコツと大事にすることで、〝あてにできる人〟という信用とブランドが築かれていくのです。

百年思考

70

｜意識｜成長｜感性｜

プロは、常に
感性の刃《やいば》を
研《みが》いているのです。

お客様のためを思って
お客様の立場に立って
（良性院にて）

職場ではアンテナを高く上げ、レーダーは常にオンの状態にしておく

エイブラハム・リンカーンの有名な言葉があります。
「木を切り倒すのに六時間もらえるなら、私は最初の四時間を、斧を研ぐことに費やす」。
実に味わいのある言葉だと思います。この言葉を念頭におきながら、次の情景を思い浮かべてください。

ホテルマンA君は入社したばかりの一年生社員。配属されたのはレストラン、仕事はウェイターです。このホテルのモットーは〝常にお客様第一〟。実務研修を終え、現場に配属されたA君ですが、上司に怒鳴られてばかり。「水が空だぞ」「コートは先にお預かりしろ」「お皿の順番が違う！」。そして最後にはいつもこう言われます。「うちはお客様第一だ。もっとお客様の身になって考えて行動しろ。なんでそんな簡単なことができないんだ」。

大袈裟に聞こえますが、どこの職場でも多かれ少なかれ、目にする情景です。お客様のために一歩先を考える。これはこの上司の言うように〝簡単なこと〟なのでしょうか。

リッツ・カールトンでは、それは〝最も難しいこと〟と捉えていました。相手が何を望んでいるのかを察知するためには、自分の心を相手に寄り添わせる必要があります。だからこそ、心のアンテナとレーダーの精度を上げるために、時間をかけて感性を研き続ける必要があるのです。

百年思考

71

| ホスピタリティ | 戦略 |

ホスピタリティに
争いはありません。

感情に訴えるサービス
感性に響くホスピタリティ
（尊勝院にて）

戦い方を習いますか、それとも戦いそのものをやめますか？

剣道や柔道を習っている、あるいは習ったことがあるという方は多いのではないでしょうか。その剣道も柔道も、かつては剣術、柔術と呼ばれていましたね。このふたつは単に呼び方の違いだけなのでしょうか。

その道のプロに伺ったところ、違いがあることがわかりました。簡単にいうと、剣術は戦う術を身につけ、それを練ること。剣道は戦いをはぶく道を探り、それを磨くこと。そこで思い至るのが、我々が日常的につかう『戦術』と『戦略』という言葉です。戦術は、例えば、レストランの新規開店に向けて〝ローラー作戦〟を行い、半径一キロの住宅街をしらみ潰しにチラシを撒くなどが考えられます。地元の既存店とのガチンコ勝負ですね。

では戦略はどうか。レストランを開店する前に、コンセプトは何か、なぜそれを提供したいのか、それに合う顧客は誰かなどを熟考し、既存店と競合しないための構想を練りあげていきます。つまりガチンコ勝負をせず、戦いをはぶくということです。戦略とは戦いを略すこと、戦わないことを意味します。

もうお気づきですね。サービスとホスピタリティの違いと同じです。サービスは競争です。でもホスピタリティはお客様ひとりひとりの心に寄り添い、対話をする姿勢そのものですから、目には見えない。だから、競争の対象にはならないというわけです。

百年思考

72

｜感性｜ホスピタリティ｜成長｜

失敗を避けていると、
失敗に気づく感性が
育ちません。

やったことの失敗はいずれ笑い話に
やらなかったことは死ぬまで後悔に
（常住院にて）

絶対に失敗しない唯一の方法は、何もチャレンジしないこと

マネジメントの父と呼ばれた、ピーター・ドラッカー博士のこんな言葉があります。

「優れた者ほど失敗や間違いを犯すことが多い。それだけ、新しいことを試みるからである。一度も失敗をしたことのない者、それも大きな失敗をしたことのない者をトップレベルの地位につけてはいけない。失敗をしたことのない者は凡庸である。そのうえ、どうやって失敗や間違いを発見し、どうすればその間違いを直し、失敗から立ち直ることができるかを知らないのである」

『生かさず、殺さず、働かず』という職種があるとかないとか。何もしなければ失敗することはない。他人以上に仕事をしなければ目立つことはない。敵ができない。みんな横並びだから、他の部署の仕事を勝手に手伝えば、規律が乱れる。心当たりはありませんか？

仕事は自分とお客様とを幸せにするものです。働く人を幸せにするためのものです。失敗を恐れるのは、その組織の評価システムが減点主義であり人事考課に繋がるから。

でも失敗をしないことの本当の怖さは、それが失敗であることに気づく感性が育たないことです。ホスピタリティも、余計なお世話と言われることもある。それを真摯に受けとめ、なぜ感性がずれてしまったのかを考えることで、自分の成長に繋がり、次の機会に活かすことができるのです。

百年思考

73

｜ホスピタリティ｜組織｜

人生の醍醐味のひとつは、
魂が悦びに
満たされるような仕事に
出会うことです。

魂が悦ぶ仕事を選ぶのか
お金に魂を売り渡すのか
（常住院にて）

あなたの能力と働く喜びが合致するのはどこですか？

アメリカ時代のこと。リッツ・カールトンにジムという、とても優秀な営業マンがいました。ある年の人事で彼は営業部長に抜擢されました。給料もアップし、今までの仲間は部下になるわけです。アメリカ社会では特に珍しいことではありません。当然、会社はジムに営業部隊の強化、すなわち他のスタッフの人材育成と業績向上を期待します。

ところが期待に反して、業績がいっこうに伸びないのです。それどころか、ジムが体調を崩して会社を休むようになってしまいました。医者の診断は極度のストレス、それも鬱寸前の状態だとのことでした。

意を決したジムは会社と交渉して、元の営業マンに戻してもらいました。すると水を得た魚のごとく元気を取り戻し、翌月には営業部の成績も以前にも増して上がったのです。

ジムは、とにかく営業で人と接するのが大好きだった。いつもお客様と関わっていることが彼の喜びであり、誇りだったのです。しかし、何かを人に教えるというのは、まったく苦手でした。傍目には羨ましいような昇進だったのに、本人だけが人知れず苦しんでいたのです。確かに給料は増えた。しかしジムにとっての仕事の喜びという、目に見えない報酬が消えてしまったのです。適材適所を考えることは、実は『社内ホスピタリティ』の第一歩ともいえることなのですね。

百年思考

74

| やりがい | ホスピタリティ |

心がどれだけ
触れ合えているかが
全ての原点です。

工場では素材、出荷するのは製品
店では商品、お客様が買うと夢
(光明院にて)

あなたが売っているのは商品ですか、それとも物語ですか？

ある化粧品店の販売員さんがこんなことをおっしゃっていました。

「私たちの仕事は接客を通じて自社の製品をいかにお客様に提供するかです。とは言うもの〝買ってください〟が先行するような営業は嫌です。大事なのはお客様とどのような時間を過ごせるか、共有できるかです。いい時間を一緒に過ごせることは、お金やモノには代えられない喜びなのです」。

モノが売れない時代に、お客様が買ってくださるヒントがここにあります。つまり、お客様は商品を買わされたくない。そして販売員さんも売っていない。お互いに大事な時間を共有し、お客様はその価値を買っているのです。繋がりそのものが価値になる時代だということ。例えば、口紅。原材料が工場では〝素材〟となり、完成すると〝製品〟となり、店頭に並べられると〝商品〟となります。そしてお客様の手に渡る時、それは〝夢〟になります。そう、今は誰もが、自分の人生を彩る物語と夢を求めているのです。それを届けることも大事なホスピタリティなのですね。大切なのは、単にモノがモノとして存在するのではなく、そこに夢や物語が生まれているかということ。

お客様との接点においても、販売員の女性がお客様の夢や物語をどこまで一緒に紡いでいくことができるか。心がどれだけ触れ合うかということが全ての原点になるのですね。

百年思考

75

｜気づき｜ホスピタリティ｜

気づいたことを
行動に移して初めて、
ホスピタリティが
生まれます。

その仕事はモノを売ることなのか
将来の幸せを約束することなのか

（威徳院にて）

サービスを超えた先には何が見えますか？

拙著『サービスを超える瞬間』（かんき出版）を世に問うてから数年後のこと、こんなお手紙が届きました。

「私は、住宅販売会社で展示場責任者をしております。チームメンバーと住宅の受注・着工・引き渡しまでの業務に励んでいるのですが、どうしても予算達成率などのノルマに追われ、お客様を落とすことばかり考えていました。高野さんの著書、『サービスを超える瞬間』を読んだのはそんな時でした。まさに目から鱗でした。メンバー全員と読み合わせをし、みんなの心にも大きな変化が起きました。住宅販売は、いわゆる口約束をする仕事です。カタログに記載されている全ては、未来への約束だと気づきました。約束を守るためには、信頼を築かなければなりません。雨の日に打ち合わせに来たお客様には当然タオルや傘袋の用意を、昼に来社されたお客様には軽食の用意を……。指示を出さなくても、みな主体的に動いていました。その年はなんと関東地区で一位になりました。あの本のおかげです。ありがとうございました」

著者としてこれ以上の喜びはありません。お客様だけではなく、社員同士がお互いを大切に思いながら働いている様子が目に浮かびます。そして何よりも、この人が読んで気づいたことをすぐ行動に移したということ。それが熱意の連鎖を生みだしたのですね。

百年思考

76

|意識|ホスピタリティ|

プロにミスが
許されないのは、
スポーツも仕事も
同じなのです。

まあまあでもいいアマチュア
そこまでやるかのプロ意識
（福生院にて）

会社や組織が傾く時には、必ず兆候が表れるもの

日本のプロ野球界の第一人者、王貞治さんのこんなコメントが心に刺さりました。
「僕の現役時代には、一球一球が文字どおりの真剣勝負で、絶対にミスは許されないと思いながら打席に立っていました。よく『人間だからミスはするもんだよ』と言う人がいますが、初めからそう思ってやる人は、必ずミスをするんです。基本的にプロというのは、ミスをしてはいけないんですよ。プロは自分のことを、人間だなんて思っちゃいけないんです。百回やっても、千回やっても絶対俺はちゃんとできる、という強い気持ちを持って臨んで、初めてプロと言えるんです。相手もこちらを討ちとろうとしているわけですから、最終的に悪い結果が出ることはあります。でも、やる前からそれを受けいれちゃダメだということです」

会社や組織の現場ではどうでしょう。命懸けの勝負をしているでしょうか。真剣さのない会社は間違いなくいずれ滅びる運命にあります。

そして、会社が傾いていく時には必ず兆候が表れます。チャレンジ精神がなくなる、依存ばかりするようになる、愛社精神がなくなる、生気がなくなる……。それが幹部社員だとさらにたちが悪い。部下たちの心の火を、湿った毛布のように消してしまうからです。社内ホスピタリティの真逆のかたちですね。心したいものです。

百年思考
77
| 感謝 | おもてなし |

自分はどんな価値を
提供できるだろうかと
考えることから
おもてなしは生まれます。

相手の財布を見ているか
相手に心を寄り添えるのか
（善行院にて）

あなたが住んでいる街は、思いやりに溢れていますか？

有名な観光スポットのお寺を散策している時に突然の夕立にあいました。あいにくと傘は宿に置いてきてしまった。「そうだ、お寺の門前に仲見世があった」。それを思いだし、家族で仲見世の店を目指して小走りに駆けだしました。

するとお店の人たちが、お土産を陳列していた棚をさっさと店の中にしまい始めているのが目に入りました。ようやく辿りついたと思ったら、今度は店の人が店先のシャッターをさっさと下ろし始めました。見ると周りの全部のお店が同じようにシャッターを下ろしています。そこでは多くの観光客が雨を凌ぐ場所を失っておろおろしています。「雨が上がるまで、うちの店の中で休んでいきんしゃい」という声はどのお店からも聞こえてきませんでした。自分がその観光客であれば、二度とそこには行かないでしょう。

そもそも商売はなんのため、誰のためにあるのでしょうか。観光客の人たちは、大事な時間とお金を使ってやってきてくれているわけです。その人たちの財布だけを見るのではなく、大切なご縁に感謝をして心に残る思い出を紡いでさしあげよう、そういう思いで働いてみたらいかがでしょうか。

朝起きた時でもいいし、仕事を始める前でもいい。自分は今日一日どんな価値を提供できるだろうかと考えてみる。おもてなしとはそういう気持ちから生まれるものなのです。

百年思考

78

| 自省 | おもてなし |

あなたのいる場所で、
あなたにしかできない
ことがあります。

報酬がなくてもやりたいこと
夢中になってやりたいこと
（玉照院にて）

得意なことを、武器になるまで磨いていますか？

大リーガーのイチロー選手には、様々な逸話があります。試合後の記者会見で、イチロー選手が記者からこんな質問を受けました。

「みんなが、あなたのようなプレーヤーになれたらいいなと思っています。でもそんな才能がない人たちはどうしたらいいと思いますか？」。それはひたすら練習に励むことです、という答えが返ってくると思いきや、彼は記者に向かって静かにこう言ったのです。

「僕には今のあなたの仕事はできません。つまりそういうことです」。

つまり、できないことに焦点を当てるのではなく、得意な部分に光をあてて、それを磨いていくこと。すると自分の居場所ができる、ということです。文章を書いているとワクワクする、料理のことを考えるのが好き、写真に没頭してしまう、など。何かひとつでも得意なことがあれば、幸せに生きていけるものです。

そして得意なものを考えるヒントがあります。それは、人からよく頼まれること、人から褒められること、時間の経つのを忘れてしまうこと。そして、もうひとつ。あなたが悩んできたこと。悩んでいるなかから掴み取ったもの。そのなかにあなたを支える得意技、必殺技になっていくものが隠れているのです。自分自身を振り返って、あなたの得意技を見つけてみてはいかがでしょうか。それが自分自身へのおもてなしでもあるのです。

百年思考

79

| ホスピタリティ | 思いやり |

相手の心の声に
耳を傾ける習慣が、
ホスピタリティを
進化させます。

心はころころ変わるもの
価値観は心柱そのもの
（玄証院にて）

相手の心を慮《おもんぱか》り、価値観に寄り添っていますか？

企業研修などではよく講師の方が、「お客様の立場で考えましょう」などと言います。これは〝お客様の気持ち〟のことなのか、それとも〝お客様の価値観〟のことなのか、どちらでしょうか。またその違いはどこにあるのでしょうか。

気持ちというのは、いわば瞬間的な出来事だといえます。それに対して価値観は、これは不変的なものといえます。例えば、上機嫌で家を出たとたん、犬の糞を踏んでしまった。その瞬間に気持ちは一気に不機嫌に変わりますね。でもそのことが自分の人生観そのものにはなんら影響はありません。

お客様の価値観もまた同様に、深いところにあるもの、人生観や、在り方に繋がってるものだといえます。その人が大切にしている感性は何か。それを理解するには、本気でその人の心の声に耳を傾けるしかありません。そして相手の〝気持ちと価値観〟の両方を理解することで信頼が生まれ、絆が強くなる。そういう循環が生まれるのではないかと思うのです。

会社や組織であるならば、お客様のために何かしてあげたいという思いが発するエネルギーは計りしれないのです。お客様の気持ちと価値観に自分の思いを添えてみる。もうお気づきですね。これこそが、ホスピタリティの心の在り方そのものなのです。

百年思考

80

｜感性｜おもてなし｜成長｜

人生も会社の成長も、
『コツコツ体質』が
肝要なのです。

小さな変化に気づき
ささやかな幸せを感じる
（薬王院にて）

通勤も感性のアンテナを高く上げれば〝旅〟になる

「めったに起きないような大きな幸運で、人間が幸せになることはほとんどない。幸せは日々の小さな前進が運んできてくれるのである」。

ベンジャミン・フランクリンの言葉です。洋の東西を問わず、そして今も昔も、人の運命や会社の行方を決めるのは、毎日繰り返される地道な努力であるということですね。

リッツ・カールトンは、おかげ様で、ホスピタリティの分野で高評価を得ています。世界中からＶＩＰが訪れ、外の人からは、職場も華やかに違いないと思われているようです。しかし、リッツ・カールトンを支えているのは、実に地味なプロセスであり、企業体質をひと言で表すとすれば、それは〝コツコツ〟です。毎日、継続される仕事を、マンネリ化させずに、力に変える努力をしているだけなのです。

その力を、組織全体で鍛えていく仕組みができているのです。それが、社員の感性を磨き、心を豊かにするための『心の筋トレプログラム』なのです。毎日行うラインナップというミーティングもそのひとつ。さらに、無意識にやりがちなことを、意識を持って行うことも訓練になります。例えば、通勤時に、感性のアンテナを高く上げ、季節感やファッションなどの変化を感じてみる。するとそれは単なる移動から〝旅〟に変わります。〝自分という旅〟のシナリオを大切にすることも、自分へのおもてなしなのです。

百年思考

81

｜おもてなし｜思いやり｜ホスピタリティ｜

相手の心理的な
バリアを低くすることも
おもてなしなのです。

いつでもスーツで登壇する講師
時にはジーンズで行く講師
（薬王院にて）

服装や装いも、相手に寄り添うホスピタリティと心得る

取引先の営業マンAさんは、会社を訪ねてくる時には、あなたの好きな青系のネクタイを締めてきます。一方で営業マンBさんは、黄色や赤など自分の好きな派手目のネクタイでやってきます。あなたの二人に対する心理的なバリアには違いがあるでしょうか。どちらの営業マンの話を聞こうと思うでしょうか。無意識のうちに好感を持つのはどちらだと思いますか?

あなたがIT関連の会社から研修を頼まれました。綿密に内容を練り、話し方も工夫して、身支度を整えて会場に到着しました。聴衆を見回すと、ほぼ全員がジーンズにTシャツで、靴もスニーカーです。あなたが地味系なスーツ姿なら、かなり浮いてしまいますね。

私は訪問する時には、相手の企業文化を考慮して、ネクタイの有無や、スーツかジャケットかなどを考えます。老舗企業かベンチャー企業かでも服装を変えます。

何を申しあげたいのか。自分の服装や装いにも気配りは必要だということです。その気配りは、間違いなく相手に届き、心理的なバリアを取り除いたり、低くしたりする力があります。企業対企業の仕事でも、それを成りたたせるのは人であることに変わりはありません。つまるところ社会の構成員は人なのです。だから、人が大切にしている価値観に寄り添うことがホスピタリティといえるのです。

百年思考

82

| 信頼 | 自省 | おもてなし |

誠心誠意の真心は
国境を越えて
伝わるものです。

相手を疑う前に
自分を省みる
（徳寿院にて）

素直に自分の非を認めた時、深い信頼関係が生まれる

ホテルの現役時代、アトランタのリッツ・カールトンにお泊りいただいた日本人のお客様から、帰国後にクレームが入りました。お客様曰く、「ベッドサイドに置いた小物入れがなくなった。メイドが盗ったに違いない。どうしてくれる！」。

さっそく、ホテルには、「小物入れを探してくれ」とだけ伝えました。現地のメイドたちが総出で探しましたが、見つかりません。するとお客様から、「もう探さなくていい。リッツにはもう二度と泊まらない」と連絡がありました。仕方なく現地スタッフにその旨を伝えたところ、しばらくしてホテルから小包が届いたのです。それは、メイドたちがお金を出し合い買ってくれた小物入れでした。そこには、「ポーチを探すことができず申し訳ありません。よろしければ、どうかこのバッグをお使いください。お客様の気持ちが少しでも休まりますように」という彼女たちのメッセージが添えられていました。急ぎ、私の謝罪文とともに郵送しました。すると数日後に、お客様から手紙が届いたのです。

「……実はあの小物入れは、別のカバンの隅に隠れていました。バツが悪くてどうしても言いだせなかったのです」と。そして、「どうしてもこのメイドさんたちに会って、お詫びとお礼をしなければ気がすまない」と、なんとホテルに予約を入れてくださったのです。国境を越えて、人の真心が通じた瞬間でした。

百年思考

83

｜ホスピタリティ｜人間力｜

杉には杉の、ブナにはブナの役割があるのです。

見栄えの良い杉の木
見えないブナの根っこ
（渕之坊にて）

プロの仕事人として、杉の木を目指すか、ブナの木を目指すか

ブナは漢字で『橅』と書きます。木材としての価値が低いため、こんな字が当てられているのです。そのためか戦後は全国で杉が植林されました。確かに木材としては杉はブナとは比較にならないほど高い価値があります。だからブナよりも高値で取り引きされます。

しかしブナにもすごい力が秘められているのです。それは〝根の力〟です。樹齢五十年ほどのブナでも、地下に張りめぐらせた根の力で、五〜七トンもの水を蓄えることができます。同じ樹齢の杉では、一トンも保水できません。

昔の山は、ブナが多い雑木林だったので、豪雨による水害などにも強かったのだと思います。山そのものに力があったのですね。つまり、姿かたちだけを比較すれば、杉はブナよりも見栄えが良い。しかし隠れた根の力を比べれば、ブナに軍配が上がるのです。

リッツ・カールトンで人材を採用する際には、この幹の部分と根っこの部分のバランスを大事にしていました。幹は、学歴や経歴、資格などです。これも大事ではあります。しかしお客様にとって興味があるのはホテルマンの学歴ではなく、自分に何をしてくれるかだけなのです。

ホスピタリティとは、お客様に寄り添い、言葉にされないご要望をも見つけだそうとする熱い思いのこと。そこで力を発揮するのが、根っこの力、つまり、人間力なのですね。

百年思考

84

｜信頼｜組織｜

いちばん強いのは、
働く喜びが
共感できている
組織です。

この会社はなぜ必要なのか
自分はなぜそこにいるのか
（吉祥院にて）

竹林のような組織とは、社会とは何か

　竹の花が咲くのはなんと数十年に一度です。だから花を見るのはとても珍しいこと。一斉に咲き一斉に枯れることから、昔の人は『不吉の象徴』などと言いました。しかし、例外なく竹林全部が一斉に咲くとは、なんだか不思議な気がしませんか？　でもその理由はとても簡単です。竹林の竹は、なんと根っこが全部繋がっているのです。だから一本一本が独立して生えているようにみえて、実は一本の大樹と同じなのですね。

　では会社組織でみた時、この根っこはいったいなんでしょう。それは会社の理念や哲学、そして最も大切な、働く喜びであるということができます。それらが経営トップから現場の社員まで共有されることで、竹林のような一体感のある強い組織ができあがります。

「そもそも、うちの会社はなんのために存在しているのか、この組織はどんな価値を提供しているのか」。

　それが共有できた時初めて、迷いのない信頼関係で繋がっているといえるのでしょう。

　何年か前に地元信州の里山で一斉に咲いた竹の花を見た時、ふと竹から我々人間へのこんなメッセージを感じました。

「あなた方の社会では、喜びの花、幸せの花は、人の心に一斉に咲くのですか？」。

　ホスピタリティの花を咲かさなくてはと心に誓った瞬間でした。

百年思考

85

|組織|ホスピタリティ|

雇用形態と
能力には、
因果関係は
ありません。

正社員だから？
契約社員だから？
パート社員だから？

（長養院にて）

美味しい料理を提供するのか、美味しく料理を提供するのか

『楽しさは美味しさの調味料』。これは長野市に本社のある優良企業『ミールケア』のスローガンです。この会社は幼稚園や保育園、病院、介護施設などへ給食サービスを提供しています。ミールケアで働いている人はほとんどの方がパート契約です。しかし訪問するたびに思うのが、〝雇用形態と能力は、なんの因果関係もない〟ということ。つまりパートさんが実に優秀なのです。そして経営陣は最大の敬意を持って彼らに接しているのです。

世間には、正社員が一番偉くて、パートや契約社員などは低くみられる会社が少なくありません。ミールケアのパート社員の明るい笑顔は、経営陣との間に強い絆が築かれている証なのだと思います。

会社のスローガンは、「楽しさや喜びこそ、仕事人生においても、最高の調味料になる」という理念を表しています。現場でも、美味しい料理を提供することはもちろん、美味しく料理を提供することを心がけています。

カップルにはキャンドルを用意してあげよう。個室で好きな音楽をかけてあげよう。桃子ちゃんのお誕生日には桃色のテーブルクロスに変えてあげよう……。

いかがでしょうか。ワクワクしながら働いている様子が伝わってきませんか。これこそが『楽しさは美味しさの調味料』というホスピタリティ溢れる働き方そのものなのです。

百年思考

86

｜リーダー｜教育｜

太鼓が鳴るか
鳴らないか、
打ち手の技量が
試されています。

皮の張られ方はほぼ均一
打ち手の技量はいろいろ
（良性院にて）

部下や仲間たちの可能性をナメていませんか？

長野の、とある会社の支社で業績を上げていた営業マン・佐藤さん（仮称）は、ある日会社から後輩や新入社員の研修をするように命じられます。営業担当としての知識やスキルが認められたのです。さっそく指導に活かしていこうと張りきるのですが、その熱い思いが部下たちに伝わりません。まるで、打てども響かない太鼓がずらりと並んでいるような錯覚を覚えました。

そして、あの大災害がおきました。大型台風の猛威で千曲川が氾濫したのです。佐藤さんは東京の本社にいて、長野支社に指示を出す予定でした。ところが、その指示を待つまでもなく、現地のスタッフたちは、あの緊急事態のなかで、それぞれが自分で何をすべきかを考えて行動したのです。地元の人や社員の家族のために、タオルの手配、ミルクの手配、年配の方たちへの毛布の手配など。普段の頼りなさが嘘のように、みんなきびきびと行動して、地元からも大いに感謝されたのです。

その時に佐藤さんは深く悟りました。彼らは打っても響かない太鼓などではなかった。自分の思いが届かなかったのは打ち手として自分に技量がなかっただけのことだと。

そう気がついた佐藤さんは、素直に後輩たちに詫びたそうです。それを機に、お互いの距離が一気に縮まり、ホスピタリティ溢れる素晴らしいチームになったということです。

百年思考

87

｜言葉｜変化｜気づき｜成長｜

〝たったひと言〟が、
人の未来を
つくることが
あるのです。

良薬は口に苦いもの
苦言も耳に痛いもの
（兄部坊にて）

相手の本気の言葉には、謙虚に耳を傾ける

私がまだ東京のホテル学校に通っていた頃のこと。都内のホテルに配属され、現場研修を受けていました。そのラウンジで、朝食を食べに来た初老の男性にコーヒーを注いでいると、不意にこう言われたのです。「君は新人かね。どこか体でも悪いのか」。「ホテル学校の研修生です。体は悪くありませんが」。するとその紳士は、顔をまっすぐに向けて、こう言いました。「だったらもっとシャキッとして働いたらどうだ。そのだらしない姿勢を見ていると、気分が悪い」。脳天をガツンと叩かれた思いでした。恥ずかしさで、「申し訳ありません」と言うのが精いっぱいでした。そして考えたのです。自分の振る舞いが、人をそこまで不愉快にすることがあるのか。ホテルマンの仕事は奥が深いなあ。でもそれなら、人を楽しく、幸せにすることもできるということだ。自分のなかで何かが変わりました。ちょっとした仕草や姿勢に気をつけるようになったのです。

翌週、またその紳士がお見えになりました。私のテーブルではなかったのですが、挨拶に伺い、「先日、お叱りを受けました研修生の高野です。貴重なアドバイスをありがとうございました」。彼は軽く目を合わせて頷いただけでしたが、帰りがけにひと言、「今日はいい姿勢だ。がんばりたまえ」。

今振り返ると、あの瞬間に私のホテルマン人生がスタートしたのかもしれません。

百年思考

88

｜意識｜パラダイムシフト｜

パラダイムシフトとは、
視点を変えることです。

コップの水は、まだ半分あるのか
それとも、もう半分しかないのか
（白蓮坊にて）

ポジティブ思考で捉えるのか、危機管理で捉えるのか

企業再生のプロとして、二千社もの赤字会社を救った長谷川和廣先生。いつもたくさんの学びをいただいているお師匠のおひとりです。その長谷川先生のご著書、『２０００社の赤字会社を続々と救った！　社長の手紙』（プレジデント社）の中から、物事を見すえる時の、先生独自の視点をご紹介したいと思います。

「コップの中に水が半分。あなたはもう半分しかないと思うか、まだ半分あると思うか。私ならもう半分しかないと考えるように勧めている。なぜならまだ半分あると考える人は、問題が表面化してくるまで行動を起こさない、リスク管理のできない人だからだ。もう半分しかないと考えることで、具体的な対策を考えて動きだす。ビジネスは、いかにリスクを潰すかが勝負である。問題に目をつぶる人は単なるギャンブラーに過ぎないのだ」。

なるほど、そういう視点もあるのかと、目から鱗でした。まさにパラダイムシフトです。リッツ・カールトンではその逆でした。なくなった半分の水を嘆くより、残り半分に焦点を当てる。いわゆるポジティブ思考です。

でも、現実に客足が減っていたとしたら。変化というのは緩やかに、しかし確実に起きるものです。そしてある日気がついたら、なんと客足が半分に減っていた。仮にそんなことが起こったとしたなら、ホスピタリティを発揮するどころではありませんね。

百年思考

89

｜おもてなし｜ホスピタリティ｜日本文化｜

感動テロリストは、
おもてなしを
壊すことがあります。

お誕生日にみんなで合唱する店
さりげなくお土産を用意する店
（常智院にて）

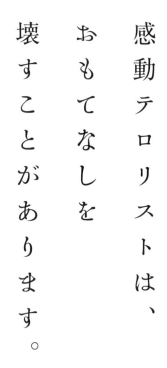

穏やかなで控えめな和みのおもてなしを目指す

拙著『サービスを超える瞬間』の中で、お客様には満足ではなく、感動を届けましょうと書きました。しかしそれが少し誤解を生んだようです。感動は大きな仕掛けやイベントから生まれると考えてしまう人が多かったのです。プロポーズ大作戦や、大がかりな部屋の模様替えなどが、毎日のように起きていると勘違いされたようです。

実はまったくそうではなく、むしろお客様は大きな感動を求めているのではない、と考えていたのです。そこには、日本人が心地よく感じる、おもてなしの加減というのがあります。心の琴線に触れるようなふとしたひと言や所作などです。例えば、コーヒー豆を買った時に、レジがすむと小さなカップでコーヒーを一杯出してくれる店があります。得したとかではなく、なんだか温かくて嬉しい。その感覚ですね。いわゆる〝心が和むおもてなし〟です。リッツ・カールトンが大切にしているのは、お客様とのその距離感なのです。

元気な若者たちがやっている居酒屋。明かりを消して、スタッフ全員でハッピーバースデーを合唱する。これは加減を誤ると「さあどうだ！　これでもか！　感動しろ！」という〝感動テロリスト〟になる可能性がありますね。

和みのおもてなしで繋がっている店は、帰りにさりげなく誕生日祝いの小さなお土産を用意します。それが日本のおもてなしの心ではないかなと思うのです。

百年思考

90

| ホスピタリティ | 日本文化 |

ユーモアとは、
〝にもかかわらず笑う〟
感性のことです。

楽しいから笑うのか
笑うから楽しくなるのか
（福生院にて）

笑いが生みだすホスピタリティは世界共通言語

日本人の笑いのセンスは、世界トップクラスです。そういうと「えっ、ユーモアセンスは外国人にはかなわないでしょう」という声が聞こえそうです。

でも考えてみてください。落語、狂言、漫才など、世界水準を超えた質の高い笑いが日本にはあります。問題は、舞台やステージでは笑いが溢れているのに、ビジネスの現場や日常から、笑いのセンスが少し消えてしまったということです。

笑いながら食事をすると、消化に良い。これは医学的にも証明されています。さらに笑いには、ボケ防止や免疫力アップの効果もあります。笑いが人生にとっていかに大事なものかがわかりますね。ところが日本のサービスの現場からも笑顔と笑いが消えつつあります。楽しくないから笑えないなどと言わずに、〝にもかかわらず笑う〟ことで楽しくなる感性を育みたいものです。

メキシコ・カンクンのリッツ・カールトンでは、朝食時にウェイターがスキップを踏みながらコーヒーを注いでいました。それもとびっきりの笑顔で。リゾートの目的はお客様を『リ・ソート』することです。リ・ソートとは、疲れた体と心を元の状態に戻して差しあげること。体をマッサージで揉みほぐすように、心もまたユーモアというマッサージで元気にすることができるのです。

百年思考

91

｜思いやり｜マナー｜ホスピタリティ｜

対話というのは、
心が通じ合ってこそ
成りたつものです。

手紙やはがきは温かい？
メールの通信は冷たい？
（徳寿院にて）

メールにも真心と思いやりを添付する感性を

様々な事情で在宅勤務が増えていくなか、社内コミュニケーションもほとんどがメールやオンラインになり、心がうまく通じないと感じている経営者が多いようです。Ｚｏｏｍで若い部下に「例の件、やってくれた？」と聞いたところ、「メールしてあります」と応える。慌ててメールをチェックしたら、「今、忙しくて無理です」と断わりの内容が一行。面と向かって伝えにくい内容であるほど、メールですます若手が増えているようです。

そんなメールですが、使い方次第で、相手との良好な関係を築きあげることは十分に可能なのです。メールも手紙と同じで、守るべきマナーがあります。例えば件名に、「講演依頼の件につき」とあれば、新規の依頼だと検討がつきますし、「○月○日の講演の件につき」とあれば、変更か何かだろうと推測できます。つまり心の準備をして読み始めることができるのです。もし件名に何もなかったら、読み終わるまでメールの目的がわかりませんね。つまり、コミュニケーションである以上、受け手の立場に立った伝え方が必要であるということです。メールでは、「拝啓、時候の挨拶」などは省いてもいいでしょう。

リッツ・カールトンでは、メールにも真心と思いやりを添付することを心がけていました。特に断りのメールなどには細心の配慮、すなわちホスピタリティマインドが必要なのですね。

百年思考

92

|気づき|教育|意識|

挨拶とは、禅語でいう
『一挨一拶』のことです。

自分の心を開く
相手の心に迫る
（常智院にて）

挨拶の語源を知ると挨拶をしたくなる

挨拶の語源は仏教の『一挨一拶』です。禅宗では、僧の悟りを推しはかるために、禅問答をすることを『一挨一拶』というそうです。『挨』には〝自分の心を開きながら相手の心を開く〟という意味があり、『拶』には〝迫る、近づく〟の意味があります。すなわち、挨拶とは〝相手に押し迫り、相手のことを考える〟ということです。そしてここで大事な点は、位が高い僧が、若い修行僧に声をかけて、その成長度合いを推しはかるための声がけであったということです。

企業研修などで、部下に挨拶をしても返事が返ってこなかった、不愉快だ、もう二度と声をかけてやらんなどと言う人がいます。挨拶の意味をまったく理解されていませんね。部下がまともに返事すらできなかったならば、それは成長していないという証拠です。それに気がつくことが大事なのです。さらに、挨拶は自分のためでもあるのです。朝、顔を洗い、歯を磨くのと同じように、一日の心の構えを整える第一歩なのです。

仕事のプロに必要なのが、〝明るく爽やかな笑顔〟〝身の回りの整理整頓〟〝気持ちの良い挨拶〟の三つです。なかでも挨拶は良い人間関係をつくり、維持するための潤滑油でもあります。たまに返事が返ってこなくても、禅宗の高僧のように、人生修行だと思えばそれもまた楽し。そうは思いませんか？

百年思考

93

｜意識｜成長｜

成功したければ
成功者の波動に
触れることです。

影のように付き添い
相手の思いを感じとる
（徳寿院にて）

五感をフル稼働させて、相手の言葉や行動から何かを感じとる

小学校の理科の時間に、鋼やアルミ製の音叉を使ったことはありませんか。波長が同じ音叉を並べて片一方の音叉を叩くと、もう一方には触れていないのに同じ音を出します。共鳴を起こすのですね。

さて、サービスの現場では、経験が浅いうちはホスピタリティなどと言われてもどうしていいかわからないものです。上司や先輩から指示された作業をこなすだけで精一杯です。私がニューヨークのプラザホテルに移籍した時がそうでした。以前の職場とは比べ物にならないレベルでサービスの現場が動いていて、愕然としたものです。自分も、他のスタッフのようにホスピタリティ溢れる接客をしたい、毎日そんな焦りでいっぱいでした。

ある日ふと、そうだ、同僚のデイビッドをシャドーイングしようと思いつきました。シャドーイングとは、先輩やメンターの後を、まさに影のようについて学ぶ手法のことです。優秀なホテルマンであるデイビッドの、顧客へのアプローチや話し方、表情や所作など、全てを徹底的に真似してみようと考えたのです。デイビッドに頼みこみ、二か月間、つかず離れず行動しました。そのうちに彼の感覚、感性が伝わってくるようになりました。次に何をするのか、どんな提案をするのかなど、ホスピタリティの感覚まで手に取るようにわかり始めたのです。まさにふたつの音叉が共鳴を起こした瞬間でした。

百年思考

94

｜成長｜自省｜変化｜縁｜

全ての結果には、
そうなる原因が
あるものです。

さあ今日も元気に働こう！
あ～あ、今日もまた仕事か……
（吉祥院にて）

自分への最高のおもてなしは、人として成長し続けること

人とのご縁というのは不思議なもの。一所懸命に働いていると良い出会いが待っています。ずるい働き方をしていると、良い出会いがないばかりか、出会ってはいけない人と出会ったりします。怖い話ですね。私は朝起きたら窓を開けて、「今日も最高の一日になるぞ」と三度、声に出して唱えます。すると、必ずその日は良い一日になります。一見するとネガティブに思えることも「人間万事塞翁が馬」と思えば前向きに捉えることができます。

ところが、今日も嫌な仕事が待っていると考える人のところには、最低限のご縁しかやってきません。原因と結果の法則とは、どんな出来事でも結果にはそうなる原因が潜んでいるということです。スポーツの世界など顕著ですね。真剣に練習をする（原因）から、良い記録（結果）が生まれるわけです。

仕事ではどうでしょう。業績が伸びない、人間関係が築けないなどは全て結果です。悪いのは会社や上司だなどと責任転嫁をしていては、大事なご縁を遠ざけてしまいます。原因は自分にあるのかもしれない。もっと自分が成長しなければと思えた時、ご縁の神様が微笑んでくれるのです。

人間には限りない自己成長の可能性があります。自己成長のための第一歩は、まず自分の考え方を大きく変えることである。そう、リッツ・カールトン時代に思い至りました。

百年思考

95

｜リーダー｜組織｜やりがい｜

トップの覚悟だけが
現場を変えることが
できるのです。

やる気を引きだすのは
お仕着せのダサい作業服か
有名デザイナーのユニフォームか
（白蓮坊にて）

人件費は費用ではなく、社員の勤労に対する感謝のしるし

北陸新幹線で東京駅に着くと、素敵なユニフォームを着た〝おばちゃんたち〟のお掃除隊がホームで出迎えてくれます。『JR東日本テクノハートTESSEI』(テッセイ)という会社のスタッフさんたちです。テッセイは、以前は普通の清掃会社でした。それが今や、国内外のメディアや企業から視察依頼が殺到する組織へと変貌したのです。清掃にかける時間は七分。満席の時は実質四分しかありません。その間に、まるで魔法のように車内を磨きあげていくのです。いったい何があったのでしょうか。

その秘密は、経営トップ(当時)の矢部さんの言葉にありました。

「なぜおばちゃんたちが変わったか。実は変わったのは本社のマネジメントスタッフなのです。首脳陣は長い間気づかなかった。それは、おばちゃんたちだって誇りと喜びを感じる仕事をしたいということを。彼らはまた現場の知識と知恵の宝庫であるということを」。

考えてみれば当たり前のこと。さらに、従業員は会社の財産なのだと悟った。だから給料は人件費ではなく、勤労に対する感謝のしるしなのだと。トップが変わればマネジメントと現場の距離は一気に縮まります。清掃用具もユニフォームも一新されました。単なる清掃作業員だった彼らは、新幹線という世界最高の技術を清掃でメンテナンスするプロフェッショナル集団に変わったのです。トップの覚悟、実に見事ですね。

百年思考

96

｜ホスピタリティ｜感謝｜

市場のニーズなどなく、
あるのは個人の
ニーズだけなのです。

市場、マーケットという思いこみ
セグメンテーションという思いこみ
（渕之坊にて）

ひとりひとりのお客様の心に寄り添うという原点が大事

ビジネスセミナーでは、市場のニーズを捉えなさいとか市場のニーズに合わせた商品開発をしなさいなどと言われますね。マーケティングのプロがよく使う表現です。さらに、シニア世代、ＩＴ世代、キッズ、ＬＧＢＴＱなど、様々なセグメントを対象にしたプロモーションも提案します。確かにそれぞれの市場ごとに趣味嗜好や経済力、価値観など共通のニーズがあることは否定できません。しかし、例えば一万人のお客様をセグメントで括ったとたんに、お客様の顔が見えなくなってしまいます。市場とは何か。それは個人のお客様の集合体のことなのです。だからリッツ・カールトンでは、「市場にニーズなどありません。ひとりひとりのお客様のニーズがあるだけです」と言っていました。

感動は、お客様の期待を超えたところで生まれます。その感動を持続させることが感謝に繋がります。ホスピタリティの本質はそこにあると思うのです。仕事をするうえでの基礎体力はマニュアルトレーニングで培われます。型をつくるといってもいいでしょう。

しかしマニュアルどおりのサービスは、失敗はないかもしれませんが、驚きや感動は生まれません。市場を対象とした均一なサービスを、ひとりひとりに合わせたホスピタリティに昇華させることで感動が生まれるのです。時々は、市場やセグメンテーションという思考の枠組みを離れてみてはいかがでしょう。

百年思考

97

|リーダー|教育|ホスピタリティ|

人を育てるのは、
愛と勇気と熱意、
そして忍耐です。

任せる勇気と覚悟
待つ忍耐と愛情
（世尊院にて）

ホルスト・シュルツィ氏と山本五十六の共通点

日本初のリッツ・カールトンの開業を視野に入れ、二十年間住み慣れたアメリカを離れて日本に戻る時、社長（当時）のホルスト・シュルツィ氏にアポを取ってお会いしました。どうしてもお聞きしたいことがあったからです。それは、彼が考えるリーダー論、特に人を育てる時の心構えでした。その直球の質問に彼は、「リーダーの条件、それは愛と勇気とパッション、そして忍耐強く人と向き合う姿勢を崩さないことだ」と答えてくれました。

愛は、人を慈愛で受けいれ、認めること、勇気は、覚悟を決めて決断する力、パッションは、文字どおり熱い思い、そして忍耐は、人を信じて待つ力のことです。それらの言葉を胸に、日本での仕事をスタートさせたのです。

この、人を育てる感性は決して西洋独自の考え方ではありません。あの山本五十六の残した言葉にもそれを強く感じます。次の一文をご存知の方も多いのではないでしょうか。

「やってみせ、言って聞かせて、させてみて、ほめてやらねば、人は動かじ。話し合い、耳を傾け、承認し、任せてやらねば、人は育たず。やっている、姿を感謝で見守って、信頼せねば、人は実らず」。

洋の東西を問わず、リーダーが人を育てる時の視点と視座は同じなのですね。そこにもまた人としてぶれない重力、深い愛情とホスピタリティを感じずにはいられません。

百年思考

98

｜成長｜学び｜意識｜リーダー｜

『コミットメント』とは、
本気の覚悟を決める
ということなのです。

時間があれば練習するアマ
時間をつくって練習するプロ
（徳寿院にて）

アマのレベルでぼちぼちいくのか、プロのステージで勝負するのか

世の中にはセミナーオタクと呼ばれる人たちがいます。なかには一年に百回以上、いろんなセミナーをチェックして参加する人もいるようです。参加することが目的ですから、学んだ知識なども自分だけのためであり、誰かのために生かそうとは考えません。そして参加したという充足感に満たされているのです。

趣味の世界の話ですから他人がどうこう言う筋合いのものではないのですが、それがリーダー的ポジションにいる人だと、なんとももったいないことです。せっかくの学びを仲間や部下と共有しない、現場で生かそうとしない。実にもったいない話ですね。

時間があればやるのがアマ、時間をつくって実践するのがプロです。会社であれば、プロの仕事人は時間をつくって知識を吸収し、それを自分の成長と会社の発展に寄与していきます。またいくら学んでも、それを行動に移さなければ、それは学びではないとも言えますね。学びを実践に移す時間だけが、自分自身の変化と成長を支える原動力となります。成長度合いを計る物差しでもありますね。

リッツ・カールトンでは、その行動に起こすことを、『コミットメント』と呼んでいました。つまり本気の覚悟を決めるということです。人生はおひとり様一回限り。大事な仕事人生です。ここはひとつ、仕事のプロを目指す覚悟を決めてみてはいかがでしょう。

百年思考

99

｜感謝｜組織｜リーダー｜

笑顔と挨拶と感謝は、
組織にとっての
潤滑油です。

あなたは空気清浄器？
それとも毒ガス製造器？
（常智院にて）

休み明けに、職場に行くのが待ち遠しい会社

農機具のひとつであるトラクター。そのトラクターに、モーターオイル、つまり潤滑油を補充しないで使い続けたとしたらどうなるでしょうか。そうです、摩擦で歯車が壊れてしまいますね。車軸も磨耗して使い物にならなくなるでしょう。だから、大事な農機具にはいつも十分にオイルを行き渡らせて使うわけです。

さて、あなたの会社をトラクターにたとえてみましょう。組織のなかの人間関係はスムーズですか？　ギスギスしたりしていませんか？　潤滑油は足りていますか？

リッツ・カールトンにとっての潤滑油は、最高の笑顔と明るい挨拶、そして感謝の言葉でした。それがあるからこそ、お客様に対しても社員同士でも、思いやりの心が生まれるのです。ところが世の中には、笑顔も挨拶も使えば減るとばかり仏頂面で、感謝することもないような会社もあります。そういう職場の空気は、例外なく暗く淀んでいます。多くの場合、そこには毒ガス製造器のような上司がいます。その人がいるだけで空気が暗くなる。月曜日の朝がつらい。心当たりありますね。

空気清浄器のような上司がいる会社はどうでしょう。きっと社員さんたちは、月曜日の朝が待ち遠しいに違いありません。笑顔も感謝も、豊かな泉のように尽きることはありません。そして使えば使うほど人を幸せにします。こんないいことはありませんね。

成長とは、
諦めようとする
自分との戦いの
プロセスです。

やると決めたらやる
自分との約束を守る
そしてワクワク働く
（随行坊にて）

人が成長するのは「やりぬく」と決めた時

人が成長したり後退したりする過程は緩やかで、外からは見え難いものです。

それでも、最初はすごいと思った人が、三年、五年と経つうちに輝きが薄れたのを感じることがあります。反対に、入社した当初はパッとしない印象だった人が、生き生きと仕事を楽しむようになっていて驚いたりすることもあります。この違いはどこから来るのでしょうか。

それはおそらく、〝やりぬくと決めた人〟と〝どこかで諦めてしまった人〟の差ではないかと思うのです。やりぬくためには自分自身に対して勝つ、すなわち自らに打ち克つ強さが必要です。そして、その強さの原点は、明るさと人生を楽しむ姿勢にあるようです。

リッツ・カールトンの創業者、シュルツィ氏から感じたのはそのことでした。彼の口癖は「愛と勇気と情熱を持て」、「ワクワクしなけりゃ仕事じゃない」、このふたつでした。

人に仕事に、職場に愛を持つ。全てに勇気を持って向き合う。情熱の火を消さない。口で言うのは簡単ですが実践するにはそれなりのエネルギーが必要です。

人は人によって磨かれるもの。そして仕事はその機会を与えてくれるもの。まずはそのことに感謝することが第一歩だと思います。

人生はおひとり様一回限りです。堂々と遠慮なく、やりぬいてみてはいかがでしょう。

おわりに

百年先を見すえて 自分たちは今ここで何ができるか 何をするべきか

二〇〇九年十月。私は、三十五年間働いてきたホテル業界から、長野市長選に出馬するため、リッツ・カールトンを退職しました。〝コンクリートから人へ〟を実現したいという地元有志たちの思いに応えるためでした。

当初、四十人ほどの勝手連を最低三つは準備しておくとのことだったのに、長野入りしてみると、待っていたのは七人。最初は悪い冗談かとさえ思ったほどでしたが、目の前にあるのは厳しい現実でした。

選挙の常道である『カバン（金）、看板（知名度）、地盤（支援者）』のどれもありません。さらに選挙事務所も決まっておらず、選挙カーもありませんでした。それでも逃げだすわけにはいかない。泣いても笑っても、投票日まで三週間。どこから手をつけるか、何をやり、何をやらないかを決めるところからのスタートでした。

しかしそこで役立ったのは、前職での新規ホテル開業時の経験でした。長野市を傾きかけたホテルに見立てた時、再建するには何が必要かを考えればよい。全ての活動にはマーケティングとブランディングの視点と視座が必要である。選挙とて同じはず。そのことでした。

さて選挙事務所と選挙カーの手当てができた頃、ふらりと現れたのが笠井宏美さんでした。当時、地元で『アッシュプランてまひま』という団体を主宰し、農業や食、さらに教育などを通して、信州人らしい生き方を模索する活動をしていたのです。

その時が笠井さんとの最初の出会いでした。彼女がなぜ私の選挙に興味を持ってくれたのか、本当のところはわかりません。ただ彼女の「愛する長野を変えていきたいんです。故郷がコンクリートで埋められていくのを黙って見ているわけにはいかないんです」という言葉に全ての思いがこめられていたと思います。

当時の現職市長のご実家はコンクリート製造工場を経営していたので、ハコモノ行政全盛だったのです。そこに〝コンクリートから人へ〟、〝長野をホスピタリティで変えよう！〟

をモットーにした候補が現れたので気になったのでしょう。どうしてもお手伝いしたいと言う。何をしたいのか聞くと「ウグイス嬢をやりたい」とのこと。経験があるのかと思ったらまったくない。選挙に関わるのも生まれて初めてとのこと。

そういう意味で言うと、私も含めて、当時選挙事務所に集まった人のなかに経験者はたったひとりだけでした。その状態で、三十八万人都市の市長選挙を戦おうとしたのですから、思い返すと冷や汗ものです。

ようやく選挙カーでの演説活動が始まり、笠井さんもウグイス嬢として同乗しました。最初こそぎこちなさがありましたが、あっという間にコツをつかみ、二日目からは熟練者のように、滑らかになりました。私が、慣れない辻立ちの連続で車の中でぐったりしていると、笠井さんがマイクを取り堂々と語るのです。それには車内のみんなも感心しきりでした。

そうして三週間の選挙戦が終わり、いよいよ投票日。最初七名だった選挙事務所には、百名を超すボランティアの姿がありました。毎日来て、ご飯の炊きだしをしてくれた心優しいおばちゃんたちも六名になっていました。夜遅くなってもまだ結果が出ません。ＮＨＫのコメンテーターからも、「長野市長選の結果はまだですね。新人候補、元ホテルマンだそうです」などというコメントが聞こえてきました。そして十一時少し前に、現職に当確のマークがつきました。力尽きた瞬間でした。その差、六五一票。六五一（むごい）負け方です。

選挙事務所から少し離れた喫茶店でそのニュースを聞き、事務所に戻りました。みんな無言で迎えてくれましたが、ひとりだけ二階の隅で号泣していました。笠井さんでした。

その後、敗戦処理を終えて、いったん東京に戻りました。するとしばらくして彼女から、「相談があるので上京する」との連絡があり、『善光寺寺子屋百年塾構想』が出たのです。「塾生は私が集めます。高野さんには信州の若者たちに夢やビジョンを語ってほしい」。そう熱く語り続ける姿に、未来を見すえている人の迫力を感じました。笠井さんが塾頭を務め、私が塾長として講義をする。そこに笠井さんの盟友、箱山さんが番頭として加わり、三本の矢のように強い絆でやり続けてきました。

笠井さんに癌が見つかったのは、まだ四十歳を越えたばかりの頃。若かっただけに、病魔の侵攻も早かったようです。

その日。長野から東京に戻る新幹線の中で、私の携帯が鳴り、そのまま千葉の入院先に直行し、到着から数時間後に看取ることとなりました。これも天のシナリオだったのかもしれません。やつれていましたが、穏やかな表情での旅立ちでした。

「百年先を見すえて、自分たちは今ここで何ができるか。何をするべきか」
　彼女の思いを受けついだ百年塾は、その後日本全国に広がり、志は多くの人によってしっかりと受けつがれています。そしてこのたび、百年塾の講義録から本書を紡ぎだすきっかけをいただきました。本当に有難いことです。

　この原稿を書きながら、いろいろな想いが浮かんできました。笠井さんとの思い出はもちろんですが、宿坊のご住職から伺った貴重なお話や、大本願をお借りして毎年開催してきた『新春談話会』のこと。様々な機会に感じ、考え、問い続けてきたエッセンスを可能な限り抽出してみました。いつも静かに裏方に回り、全ての雑用を文句ひとつ言うことなく手伝ってくれた仲間たち。実に多くの人たちに支えられて百年塾が成りたっていたことに改めて深く感謝する次第です。

　百年塾には、重低音のように深く静かに流れているテーマがあります。それは〝心に静けさを持つ生き方〟の提唱です。
　ここに収められたひとつひとつの話には、〝解〟はありません。それは、これからの時代を生きるには〝解を求める〟より先に、〝問いを導きだす〟ことのほうが大事だと考えているからです。

本書を手に取っていただけた読者のみなさんと、これからの生き方、在り方とはどうあるべきかを一緒に問い続けるきっかけになりましたなら、それ以上の喜びはありません。

最後になりますが、長年にわたって善光寺百年塾を支えてくださった箱山正一さん（大番頭）、村石忍さん、島田良さん（撮影隊長）、金井俊江さん、金井智弘さん、鈴木義人さん、丸山奈留美さん、長野直子さん、そして今回挿絵を提供してくれた清水かほりさんには、どんなに感謝してもしきれません。みなさんとのご縁は宝物です。ありがとうございます。

そして、今回、講義録を本にまとめるという貴重な機会をいただきました、かざひの文庫の磐﨑文彰社長に、心からのお礼を申しあげたいと思います。

二〇二一年、春一番の吹く穏やかな日に

善光寺大本願にて　著者

高野　登

Noboru Takano

人とホスピタリティ研究所代表。1953年5月9日生まれ。長野県出身。1974年、プリンスホテルスクール（現日本ホテルスクール）卒業。同年、渡米し、ＮＹホテルキタノ、ＮＹスタットラーヒルトンに勤務。1990年、リッツ・カールトンに移籍。1994年、日本支社に転勤。支社長として、リッツ・カールトンの日本におけるブランディング活動を行う。2009年、退社し長野市長選に出馬。現職に651票差に迫るも惜敗。2010年、人とホスピタリティ研究所を設立。現在は講演活動やラジオ出演など、多岐に渡る活動を行っている。著書も多数出版。

百年《ひゃくねん》思考《しこう》

ホスピタリティの伝道師《でんどうし》が説《と》く「日々《ひび》の在《あ》り方《かた》」

著者　高野《たかの》 登《のぼる》

2021年4月29日　初版発行

発行者　磐﨑文彰
発行所　株式会社かざひの文庫
〒110-0002　東京都台東区上野桜木2-16-21
電話／FAX 03(6322)3231
e-mail : company@kazahinobunko.com
http://www.kazahinobunko.com

発売元　太陽出版
〒113-0033　東京都文京区本郷4-1-14
電話03(3814)0471　FAX 03(3814)2366
e-mail : info@taiyoshuppan.net
http://www.taiyoshuppan.net

印刷・製本　モリモト印刷

装丁　BLUE DESIGN COMPANY
挿し絵　清水かほり

ISBN978-4-86723-037-4